Ihr Hobby

Holländische Pflanzenaquarien

Hub Custers

INHALTSVERZEICHNIS

© 2000, bede-Verlag, Bühlfelderweg 12, D-94239 Ruhmannsfelden
Konzept der Reihe „Ihr Hobby…", Herstellung und Gestaltung: bede-Verlag
E-mail: info@bede-Verlag.de; Internet: http://www.bede-verlag

Fachliche Durchsicht und Bearbeitung des deutschen Texts:
Bernd Degen, Dr. Jürgen Schmidt, Ruhmannsfelden.

Bildnachweis: Hub Custers, bede-Verlag und Dr. Jürgen Schmidt,
sofern nicht anders erwähnt.

ISBN: 3-933 646-51-0
bede-Bestellnummer: HO 392

Die typischen Holländischen Pflanzenaquarien sind weltweit sehr bekannt, denn sie stellen wirklich etwas besonderes in der Aquarienwelt dar. Die holländischen Aquarianer bevorzugen es, zumindest ein schön bepflanztes Aquarium zu Hause zu haben.

In der Natur gibt es eine solche „Gesellschaft" wie in dem üblichen Gesellschaftsaquarium natürlich nicht, denn auf so engem Raum kann diese Pflanzenvielfalt aufgrund der natürlichen Konkurrenzbedingungen nicht existieren. Das dekorierte Aquarium ist also kein echter Naturausschnitt, sondern ein vom Menschen künstlich geschaffenes Sammelsurium an Pflanzen und Tieren, das dem üblichen Geschmacksempfinden jedoch sehr entgegenkommt. Ein so schones – weil dicht bepflanztes – Aquarium zu betrachten, ist zweifelsohne eine Wohltat, und jeder, der einmal ein solches Aquarium sieht, wünscht sich auch einmal, solch ein Aquarium zu besitzen.

Die Holländischen Aquarienvereine beantworten den interessierten Aquarianern alle Fragen zum Thema Aquarium und die Zoofachgeschäfte sind auch darauf eingerichtet, Aquarien nach

Ansicht eines typisch Holländischen Pflanzenaquariums im Wohnzimmer, wie es als Standardtyp in der Aquaristik bekannt geworden ist.

Maß bauen zu lassen. Doch inzwischen gibt es ja zahlreiche sehr schöne dekorative Aquarienkombinationen zu kaufen und so findet jeder sicherlich sehr schnell das passende Aquarium für seinen Einrichtungs- und Wohnstil. Die Aquarien werden immer mehr den induviduellen Wohnräumen angepaßt und so kann es also vorkommen, daß sehr große Aquarien in den Wohnzim-

mern stehen. Bei der Auswahl der Aquariengröße wird immer auf die verfügbare Leuchtenlänge geachtet. Die Aquarien werden also an die Leuchtenlänge angepaßt oder sind etwa 20 bis 30 cm breiter als die Standardleuchten lang sind. Übrigens verwenden die Holländer für Ihre Aquarien fast ausschließlich Tageslichtleuchtstoffröhren und nicht die heute teilweise üblichen HQI- oder HQL-Leuchten. Typisch ist auch, daß alle Aquarien abgedeckt sind. In der Regel sind die Holländischen Aquarien komplett in Schränke eingebaut und dadurch wird auch eine Reduzierung der Feuchtigkeit im Zimmer erreicht. Eine Art Selbstheizung besitzt das Aquarium durch die große Anzahl der Drosseln, mit welchen die Leuchtstofflampen ausgestattet sind, denn diese geben ja eine große Wärmemenge ab.

Harmonie und ein Gefühl Ästhetik zeichnen die typischen Holländischen Pflanzenaquarien aus und in diesem Buch soll dieser landestypische Stil ein Aquarium einzurichten, erläutert und dem Leser näher gebracht werden, so daß es jedem jederzeit möglich wäre, selbst ein Aquarium im Holländischen Stil einzurichten und erfolgreich zu betreiben.

Ein Aquarium ohne Fische ist wie eine Suppe ohne Salz. Die farbenprächtigen Fische sind meist das i-Tüpfelchen in einem Aquarium. Doch für viele Aquarianer sind Fische eigentlich das wichtigste im Aquarium und das führt dann dazu, daß diese Aquarien meist hoffnungslos übersetzt sind. In einem Holländischen Aquarium sollen selbstverständlich auch Fische gepflegt werden, obwohl für viele Betrachter dieser Aquarien, eigentlich der schöne Pflanzenwuchs im Vordergrund steht. Die Fische sind Lebewesen, die keinen unnötigen Streß erleiden sollen und dies muß bei der Auswahl des richtigen Aquarienbesatzes unbedingt berücksichtigt werden. Hier sollten Sie auch entsprechenden fachmännischen Rat von Ihrem Zoofachhändler einholen. Nicht jeder Fisch paßt zu einer beliebigen anderen Fischart und daher muß der Aquarianer unbedingt bestimmte Bedürfnisse der Fische kennen und berücksichtigen.

Würde man es jedem Fisch recht machen wollen, so müßte ein typisches Biotop-Aquarium eingerichtet werden, doch dieses Biotop-Aquarium würde uns Aquarianern in den meisten Fällen keineswegs gefallen, denn echte Biotop-Aquarien sind sehr langweilig, weil

Fische haben durchaus ihren berechtigten Platz in einem Holländischen Pflanzenaquarium, denn sind Teil dieser biologischen Einheit.

Unten: Dieses Aquarium gewinnt sehr stark durch die strukturierte Rückwand, jedoch stellt es einen ganz anderen Aquarientyp dar, als dies beim Holländischen Pflanzenaquarium der Fall sein soll.

in der Natur selten viele verschiedene Pflanzenarten auf einem Fleck vorkommen. Außerdem leben auch die Fische nicht in solcher Vielfalt miteinander in den Flüssen und Seen ihrer Heimatländern, wie wir sie in unseren Aquarien zusammensetzen. Biotop-Aquarien mit wenigen Fischarten sind dann auch selten so reizvoll, daß die Mehrheit der Aquarianer glücklich damit leben könnte. Nur Spezialisten versuchen solche nachzubauen, um vielleicht spezielle Zuchterfolge zu erzielen. In Holländischen Pflanzenaquarien sollen aber viele Pflanzen und natürlich auch viele Fische aus tropischen Ländern zusammen untergebracht werden.

Deshalb sind die Auswahlkriterien für diese Zusammenstellungen nicht die Heimatländer der Fische und Pflanzen, sondern ihre Ansprüche an Temperatur, Wasserhärte, elektrische Leitfähigkeit und beispielsweise pH-Wert des Wassers. Wenn diese Parameter zusammenpassen, dann können Fische und Pflanzen, die jeweils ähnliche Bedürfnisse haben, problemlos miteinander vergesellschaftet werden. Praktischerweise sind die Vertreter vieler tropischer Süßwasserfischarten sehr anpassungsfähig, insbesondere was die Wasserzusammensetzung angeht und gerade bei Nachzuchten – und fast alle unserer Aquarienfische sind Nachzuchten – sind

Die bis zu 20 cm groß werdenden Diskusfische, können selbstverständlich auch in einem bepflanzten Aquarium gepflegt werden, jedoch setzt dies voraus, einen Schwarm von mehreren dieser Aquarienkönige in einem sehr großen Aquarium zu pflegen.

die Ansprüche an die Wasserverhältnisse ohnehin nicht mehr mit denen der Heimatgewässer direkt identisch.

Fast alle Aquarienfische und fast alle Aquarienpflanzen können bei einer Wassertemperatur um 25 °C wunderbar existieren und außerdem fühlen sie sich dabei auch noch wohl. Natürlich gibt es Spezialisten unter diesen Lebewesen, die beispielsweise wie die Diskusfische eine Wassertemperatur um 30 °C bevorzugen, doch überleben könnten Diskusfische natürlich auch bei 25 °C, aber irgendwann käme es sicherlich zu Gesundheitsproblemen der Fische, da diese Wassertemperatur auf Dauer ungenügend ist. Ähnliches gilt selbstverständlich auch für Aquarienpflanzen und so könnte es Ihnen durchaus passieren, daß Sie eine Pflanze pflegen, die unbedingt kühlere Wassertemperaturen benötigt und die in

Ihrem Aquarium bei 25 °C Wassertemperatur verkümmern würde. Es ist deshalb wichtig, sich in der verfügbaren Fachliteratur und beim Zoofachändler über die Grundbedürfnisse der ausgesuchten Pflanzen und Fische zu informieren.

Was bei der Wassertemperatur die idealen 25 °C sind, das sind bei der Wasserhärte KH-Werte von 2 bis 8 °dH und eine Gesamthärte von ebenfalls unter 8 °dH. Entsprechend sollte die elektrische Leitfähigkeit des Aquarienwassers unter 120 µS/cm betragen. In den meisten Fällen genügt es aber, einen der Parameter – Wasserhärten oder elektrische Leitfähigkeit – zu messen.

Der Säure- oder Basengehalt des Wassers wird als pH-Wert bezeichnet. Ein pH-Wert um 7,0 bedeutet, daß dieses Wasser neutral ist, also keine oder gleichwertige Säuren und Basen enthält. Ideale pH-Werte für normale Aquarien befinden sich zwischen 6,3 und 7,2. Am wohlsten dürf-

Die Gruppe der Lebendgebärer besitzt viele interessante und farbschöne Fische, die noch dazu den Vorteil besitzen, daß die meisten von Ihnen auch gerne an Algen zupfen und somit eine Algenplage auch unter Kontrolle halten können.

Unten: *Rote Neonsalmler im Pflanzenaquarium. Foto: Yvette Tavernier*

noch einmal selbstkritisch durch, nachdem Sie sich zu den einzelnen Fischen in der Fachliteratur informiert haben. Wenn Sie jetzt glauben, daß die Auswahl der Fische perfekt ist, können Sie sich nun an die Einrichtung Ihres Aquariums wagen, denn Sie sollten nach der Bepflanzung und Einrichtung des Aquariums noch mindestens zwei, besser drei Wochen abwarten, bis Sie den Fischbesatz bei Ihrem Zoofachhändler erwerben. Solange braucht ein perfektes Aquarium, um richtig gestartet und „eingefahren" zu werden.

Bei der Auswahl der Fische müssen Sie aber nicht nur darauf achten, welche Wasserbedingungen diese Fische bevorzugen, nein Sie müssen auch daran denken, daß Schwarmfische wie beispielsweise viele Salmler-, Barben- und Bärblingsarten tatsächlich in größeren Gruppen gehalten werden müssen. Es macht keinen Sinn, beispielsweise drei Rote Neon zu erwerben und dann zuzusehen, wie diese Fische unglücklich im Aquarium verkümmern. Ein Aquarium mit beispielsweise 300 Litern Wasser

ten sich die meisten Fische bei einem leicht sauren pH-Wert um 6,8 fühlen. Übrigens: wenn Sie den Karbonathärtewert um 3 °dH einstellen können, dann haben Sie sowohl für viele Ihrer Pflanzen, als auch für die meisten Ihrer Fische eine optimale Wasserhärte eingestellt.

Vielleicht machen Sie sich jetzt erst einmal eine Liste mit den Fischen, die Sie gerne in Ihrem Aquarium pflegen würden. Anschließend gehen Sie diese Liste

verträgt problemlos einen Schwarm mit 30 Roten Neon. Andererseits gibt es auch Fische, die gerne einzeln leben und außerhalb der Paarungszeit gerne auf Partner verzichten. Andere Fische – wie zum Beispiel viele Cichlidenarten – schaffen sich im Aquarium ein Revier, welches sie vehement gegen andere Fische verteidigen. Da diese Reviere nicht gerade klein sind, ist es wichtig zu wissen, welcher Aquarienfisch vornehmlich revierbildend ist. Manche Fische benötigen beispielsweise ein Versteck oder bevorzugen eine Höhle in der sie sich tagsüber verstecken können, um nachts aktiv zu werden. Alle diese Möglichkeiten müssen Sie bei der Einrichtung Ihres Aquariums schon rechtzeitig in der Planungsphase bedenken. Lassen Sie sich durch die geringe Größe der Fische im Fachgeschäft nicht dazu verleiten, zu viele Fische zu kaufen, denn die meisten Zierfische werden im Jungstadium angeboten und wachsen im Aquarium noch zu prächtigen Exemplaren heran. So mancher Fisch, den man mit 3 cm Länge erworben hatte, besaß plötzlich stolze 10 oder gar 15 cm Körperlänge und war eigentlich schon viel zu groß für das Aquarium geworden. Glauben Sie ihrem Zoohändler jedoch nicht, wenn er behauptet, groß werdende Fische, würden sich in ihrem Wachstum an die Größe des Aquariums anpassen. Denn einerseits trifft dies auf die Mehrzahl der Fische gar nicht zu und andererseits wäre es in jedem Falle Tierquälerei, Fische unter Bedingungen zu halten, die ihnen nicht die Entfaltung ihrer Lebensansprüche ermöglichen. Hier setzt das Tierschutzgesetz sehr enge Grenzen, doch leider wird dem – vor allem in Bezug auf Fische – allzuoft zu wider gehandelt.

Allerdings gibt es auch zahlreiche kleinere Fische wie Neonsalmler, die in der Natur deutlich kleiner bleiben und durch das kräftige Füttern im Aquarium eine Übergröße bekommen. Doch wenn Sie sich von Anfang an bei der Auswahl der Menge Ihrer Aquarienfische etwas beschränken – was zweifelslos richtig ist – kann Ihnen in dieser Beziehung nicht allzuviel negatives passieren, obwohl es eine Unterbevölkerung eines Aquariums nicht gibt. Immer sind Aquarien mit Fischen überbesetzt. Vielleicht ist es ja auch verständlich, denn es gibt einfach zu viele schöne und farbenprächtige Fische, die wir gerne in unserem Aquarium pflegen würden.

Ein Aquarium so in einen Wohnraum einzufügen, daß für jeden Betrachter ein schöner und beinahe überwältigender Eindruck entsteht ist nicht ganz einfach. Besonders die Aufstellung eines größeren Aquariums setzt sicherlich einige Überlegungen voraus.

– Machen Sie sich rechtzeitig Gedanken darüber, warum Ihr Aquarium gerade an diesem bestimmten Platz stehen soll.
– Steht es hier wirklich optimal, oder haben Sie später Probleme, wenn Sie am Aquarium arbeiten müssen? Ist es vielleicht schwierig, hier am Aquarium Wasser nachzufüllen oder gar Wasser aus dem Aquarium abzulassen?

– Paßt sich das Aquarium an der vorgesehenen Stelle auch wirklich harmonisch in die Wohnraumgstaltung ein?
– Ist ein Aquarium nicht geradezu ein Möbelstück, welches durch sein äußeres Erscheinungsbild einen Wohnraum völlig verändern kann? Diese Veränderung kann sowohl positiv als auch negativ sein, denn ein Aquarium – am falschen Platz aufgestellt – kann durchaus auch als störend empfunden werden.

Meist wird Ihr neues Aquarium aber den Raum – in welchem es steht – besonders attraktiv schmücken. Schließlich befinden sich im Aquarium ja lebende Fische und Pflanzen, was bedeutet, daß Sie mit

Dekorative Aquarien können in einem Wohnraum völlig dominieren und ihn verändern. Beim Aufstellen solcher Aquarien ist unbedingt darauf zu achten, daß der richtige Platz ausgewählt und das Raumgefühl des Betrachters nicht beeinträchtigt wird.

Bei niederländischen Heimshows werden die Aquarien auch zusammen mit ihrem Umfeld bewertet. Ein wesntliches Kriterium ist dabei die Einbindung des Aquariums in den Wohnraum.

Rechts:
Vorteil eines Aquariums in einer Schrankkombination ist, daß im unteren Schrankbereich idealerweise der Filter untergebracht werden kann, während sich im Deckel immer die Aquarienleuchten unterbringen lassen.

einem Aquarium wirklich die Natur in Ihr Wohnzimmer holen können.

Da der äußeren Gestaltung eines Aquariums heute kaum Grenzen gesetzt sind, ist es ohne Probleme möglich, für jeden Wohnstil das passende Aquarium zu finden. Bei aller Progressivität der modernen Aquarienform ist aber zu bedenken, daß solche Aquarien auch regelmäßig gereinigt werden müssen und was nützt dann ein futuristisches Aquariendesign, wenn Sie nur schwerlich den Mulm vom Bodengrund absaugen können, weil das Aquarium vielleicht viel zu hoch ist?

Aquarien bedeuten auch Licht im Wohnraum und mit dem Licht, welches das Aquarium beleuchtet, können Sie selbstverständlich auch gestalten. So wirken beispielsweise oben offene Aquarien mit darüber hängenden Beleuchtungskörpern sehr interessant, da sich die Wasserbewegung auf dem Boden oder an einer Zimmerdecke reflektieren, was einen sehr schönen faszinierenden Effekt hervorrufen kann. Tatsächlich muß es nicht immer ein riesengroßes Aquarium sein, sondern auch ein kleines, schönes, gepflegtes Aquarium ist schon eine große Bereicherung für jeden Wohnraum.

Holländische Pflanzenaquarien sind zu einem feststehenden Begriff in der Aquaristik geworden und neidvoll blik-

ken viele Aquarianer auf diese perfekt bepflanzten Unterwasserwelten.

Bei der Auswahl des richtigen Standplatzes für Ihr neues Aquarium müssen Sie Raumgefühl entwickeln und wirklich überlegen, wie Sie ein größeres Aquarium schön in den vorhandenen Raum einbeziehen können. Es ist hier sehr wichtig gründlich nachzudenken und gewisse Regeln zu beachten.

– Ihr Aquarium benötigt kein Tageslicht zur Beleuchtung und ein Holländisches Pflanzenaquarium gleich zweimal nicht, denn diese Aquarien sind typgemäß meist in Schränken untergebracht, die – mit Ausnahme der Frontseite – alle Seiten bedecken.

– So haben Sie ein fest eingebautes Aquarium, dessen Frontscheibe nicht dem direkten Einfluß von Tageslicht aus-

Der Fachhandel bietet in der Regel Aquarienkombinationen bis zu einer Größe von zwei Metern Länge an. Für das Furnier ist die Nutzung fast alle Holzarten möglich, so daß sich ein fertig gekauftes Aquarium ganz exakt zur vorhandenen Einrichtung auswählen läßt.

– Niemals dürfen Sie das Aquarium direkt vor oder neben ein Fenster stellen, denn das hereinfallende Tageslicht hätte negative Auswirkungen auf den Pflanzenwuchs in Ihrem Aquarium. Sicherlich würden Sie bald verzweifeln, wenn sich dadurch zuviele Algen im Aquarium breit machen.

gesetzt werden sollte, denn ein weiterer negativer Effekt entsteht durch die starke Reflektion in der Frontscheibe durch das hereinfallende Tageslicht.

Also – erst nachdenken und dann erst anfangen, das Aquarium aufzustellen.

Holländische Aquarien bei der Heimschau

Wie in vielen Ländern Europas gibt es auch in den Niederlanden organisierte Aquarienvereine. Der „Nederlandse Bond Aqua Terra" ist eine solche Vereinigung von Aquarianern und Terrarianern. Eine Spezialität in diesen Vereinen ist die sogenannte Heimschau, bei welcher die Aquarien und Terrarien der Mitglieder von einer Jury beurteilt und bewertet werden. Für viele Aquarianer in Deutschland wäre es sicher sehr schwierig nachvollziehbar, daß plötzlich einige Preisrichter in der Wohnung auftauchten, die sich vor dem Aquarium aufbauen und dieses betrachten sowie bewerten würden. In den Niederlanden

ist dies dagegen eine gängige Praxis und die Mitglieder in den Aquarienvereinen sind sehr daran interessiert, daß ihre Aquarien entsprechend bewertet und begutachtet werden. Schließlich kann man Vereinsmeister und sogar niederländischer Landesmeister werden, wenn man bei der Pflege des Aquariums das richtige Händchen hat. Damit Sie einmal nachvollziehen können, wie eine solche Beurteilung vonstatten geht, drucken wir das Beurteilungsformu-

nederlandse bond aqua-terra

VERENIGING VAN HOUDERS VAN AQUARIA, TERRARIA EN INSECTARIA

beoordelingsformulier

Vivarium								Afmetingen			
Naam								Vereniging			
Adres								Te			
PC-Woonplaats								Datum		Pl.:	

	CIJFER	A1	A2	A3	B1	B2	C1	C2	PUNTEN	OPMERKINGEN
BIOLOGISCH										
1. Samenstelling dierenbestand		4	6	6	4	5	3	6		
2. Gezondheid dieren		4	4	4	6	6	4	6		
3. Ontwikkeling dieren		4	4	4	4	4	3	4		
4. Aantal dieren		2	3	4	4	5	2	3		
5. Soortkeuze vegetatie		2	2	1	1	1	2	3		
6. Gezondheid vegetatie		3	3	1	3	1	3	2		
7. Ontwikkeling vegetatie		4	3	2	3	1	4	2		
8. Milieu		2	5	5	2	5	2	5		
ESTHETISCH										
9. Algemene indruk		3	3	3	3	3	4	3		
10. Soortkeuze dieren		3	1	1	3	2	3	1		
11. Decoratiemateriaal		5	3	3	4	2	5	2		
12. Compositie		4	3	3	3	3	5	3		
ALGEMEEN										
13. Techniek en hulpmiddelen		4	4	6	4	6	3	3		
14. Materiaalkeuze en veiligheid		4	4	5	4	4	3	3		
15. Onderhoud		2	2	2	2	2	4	4		

FACTOR*

TOTAAL   Naam Keurmeester(s)

TOTAAL BIOLOGISCH

Handtekening(en)

* Aangeven welke kolom van toepassing is.   © NBAT 1998

So sieht ein Bewertungs-bogen für einen Heimschau-wettbewerb aus. Die Bewerter sind unabhän-gig und neh-men nicht am Wettbewerb teil. Zudem haben sie klare Richtlinien für die Bewertung der Wirkung-des Aquari-ums, seines Umfelds sowie der Fische und Pflanzen im Aquarium. Dadurch, daß mehrere Bewerter unabhängig voneinander entscheiden, wird eine recht objektive Wer-tung erreicht. Die Sieger des Wettbewerbs können zu Recht stolz auf ihren Erfolg sein, denn es ist wirklich nicht leicht, ein perfektes Aquarium zu gestalten.

Nederlandse Bond Aqua Terra

Bondsdiploma

Voor het _A.1_ vivarium van: _H. Schub._

Vereniging: _AQUA TROPICA_ te: _Staartjes_

Datum: _1-4-1999_

De Bondskeurmeester   Het Hoofdbestuur

N.B.A.T.

Puntenaantal

_397 / 621_

Die Sieger des Heimschauwettbewerbs erhalten selbstverständlich einen Preis und eine Urkunde.

lar ab. Auch ein Diplom mit der erreichten Punktzahl soll an dieser Stelle nicht fehlen.

Das Bewertungsformular für Heimschauen ist in drei Teile untergliedert. Der wichtigste Teil mit acht Punkten ist der biologische Gesamteindruck des Aquariums. Hier wird bewertet, wie gut die Zusammenstellung der Aquarienfische funktioniert hat. Denn wie bereits erwähnt ist es ja durchaus denkbar, die falschen Fische in das Aquarium einzusetzen oder vielleicht viel zu viele

Fische im Aquarium zu halten, so daß das biologische Gleichgewicht empfindlich gestört sein kann.

Die Gesundheit und die körperliche Entwicklung der Fische sind ebenfalls von größter Wichtigkeit und die Gesamtanzahl der Fische läßt wieder Rückschlüsse auf ihre Entwicklungsmöglichkeiten zu. Also – Sie sehen schon –, es ist nicht ganz einfach, den Preisrichtern die richtigen Fische in der richtigen Anzahl am richtigen Tag zu präsentieren. Auch dem Pflanzenbestand muß

natürlich eine große Bedeutung zukommen, denn schließlich spielen die Pflanzen ja eine Hauptrolle in unserem Aquarium und auch hier wird auf die Entwicklung und die Gesundheit der Pflanzen strikt geachtet. Auch die Auswahl der zueinander passenden Pflanzenarten findet Berücksichtigung. Dem Gesamteindruck der biologischen Zusammgehörigkeit, sowohl der Fisch als auch der Pflanzen, gilt der letzte

Punkt im biologischen Teil des Formulars.

Der zweite Teil des Bewertungsformulars dient dem ästhetischen Gesamteindruck des Aquariums. An erster Stelle steht hier der allgemeiner Eindruck, den das Aquarium auf den Betrachter vermittelt. Wenn Sie einen Wohnraum betreten und ein Aquarium darin vorfinden, dann gibt es einige Punkte, die Sie möglicherweise unterschwellig stören könnten. Dazu gehört die richtige Sichthöhe des Aquariums. Ist dieses beispielsweise richtig aufgestellt, so daß sich die Mitte der Frontscheibe ungefähr in Augenhöhe befindet? Steht oder sitzt der Betrachter vor dem Aquarium? Wenn Sie davor sitzen, dann muß das Aquarium logischerweise niedriger aufgestellt werden, als wenn Sie davor stehen würden. Beispielsweise in einer

Bei der Heimschau werden neben den Pflanzen vor allem auch die Fische bewertet. Hier wird auf Gesundheit und körperliche Entwicklung der Fische geachtet.

Links: *Nicht immer muß ein Aquarium gleich zwei Meter lang sein, um zu gefallen. Auch ein Aquarium mit 1,20 m Länge beeinflußt einen Wohnraum schon total.*

Hier sehen Sie einen Ausschnitt aus dem rechts abgebildeten Aquarium. Bei der Auswahl der Pflanzen ist darauf zu achten, daß die Wuchshöhe abgestuft ist. Stengelpflanzen können regelmäßig ihrem Standort entsprechend eingekürzt werden.

Unten: Papageienblatt oder Cognacpflanze kontrastieren bereits aufgrund ihrer Farbe zu den anderen Pflanzen. Bei den grünen Pflanzen ist es wichtig, daß die nebeneinanderstehenden Pflanzengruppen in den Blatt- und Wuchsformen differieren.

großen Wohnhalle, in welcher Sie stehen oder in einem Flur – der groß genug ist ein Aquarium aufzunehmen – muß das Aquarium höher aufgestellt werden, damit die Sichthöhe des stehenden Menschens berücksichtigt wird. Wichtig ist immer, daß Sie das Aquarium aus einer normalen Haltung in Ruhe betrachten können. Überhaupt ist die richtige Plazierung des Aquariums für die Preisrichter von Bedeutung.

Das Dekorationsmaterial im und vor dem Aquarium wird ebenfalls in die Beurteilung miteinbezogen. So kann ein Pflanzen- oder Blumenarrangement neben dem Aquarium durchaus dafür sorgen, daß es mehr Punkte bei der Beurteilung gibt. Schließlich soll das Aquarium ja in den Wohnraum miteinbezogen werden. Andererseits darf nicht zu viel „Nippes" um das Aquarium herum verteilt sein, denn dieses würde ja eher von dem zu betrachten-

Einblick in ein Filtersystem, welches im Unterschrank des Aquariums untergebracht ist.

Oben links:
Auch dieses Aquarium paßt ideal zu seinem Umfeld und ist wirklich eine Augenweide.

Die Kunst der Bepflanzung eines Aquariums liegt auch darin, daß immer Gruppen von Pflanzen nebeneinander gesetzt werden. Einzelne Pflanzen würden in einem solchen Aquarium verschwinden und somit ist es besser, sich auf fünf, sechs oder acht größere Pflanzengruppen zu beschränken, als beispielsweise 20 verschiedene Pflanzenarten in kleineren Mengen unterzubringen.

den Hauptobjekt ablenken als es in den Wohnraum einzufügen.

Die Preisrichter beachten des weiteren den Kontrast bei der Auswahl der Pflanzengruppen, denn gerade im Holländischen Pflanzenaquarium werden die Pflanzen in größeren Gruppen angeordnet. Stellen Sie sich nur einmal vor, wie komisch es aussehen würde, wenn drei sehr ähnliche grüne Pflanzenarten nebeneinander stehen und diese dann auch noch gleich groß sind und ähnliche Blattformen besitzen.

Im dritten Teil des Bewertungsbogens befindet sich schließlich der mehr technische Teil, hier geht es um die Aquarientechnik, den Einsatz von Hilfsmitteln

und die Verwendung der verschiedensten Materialien, um ein solches Aquarium zu betreiben. Da die Unterhaltskosten auch eine Rolle spielen, wird dieser Punkt gesondert aufgeführt.

Aus diesen drei Bewertungsblöcken ergibt sich dann – mit verschiedenen Faktoren multipliziert – eine Punktzahl, die zur Endbewertung des Aquariums führt.

In diesem Buch werden Sie zahlreiche Abbildungen von eingerichtete Aquarien sehen und zahlreiche Landesmeister und Vereinsmeister haben mit Ihren Aquarien dazu beigetragen, daß Sie einen Eindruck von der Schönheit Holländischer Pflanzenaquarien bekommen.

Fische und Pflanzen – eine biologische Einheit

Die Fische und Pflanzen – die in unserem Aquarium gemeinsam gepflegt werden – müssen zueinander passen. Die meisten Aquarienfische aus Südostasien oder Südamerika bevorzugen weiches und leicht saures Aquarienwasser. Auch viele Wasser- und aquarientaugliche Sumpfpflanzen stammen aus diesen Gegenden und haben deshalb die gleichen Wasserbedürfnisse wie unsere Aquarienfische. Dies ist also fast ein Idealfall, denn folglich passen diese Fische und Pflanzen zueinander.

Doch im Aquarium müssen wir Kompromisse eingehen, denn das Wasser, welches wir zur Verfügung haben, ent-

spricht nicht immer den Idealbedingungen. Gerade in den Niederlanden ist das Leitungswasser schon stark verändert und es kann durchaus notwendig sein, daß eine Wasseraufbereitung durchgeführt werden muß. Zur Aufbereitung des Aquarienwassers eignet sich zum einen die Umkehrosmose, zum

Wasser ist Leben und die Heimatgewässer unserer Aquarienpflanzen und Aquarienfische entsprechen meist nicht unseren Normen. Somit müssen wir versuchen, unsere Aquarienpfleglinge mit einem weitgehend geeigneten Wasser zu versorgen.

Unten: *Unser Leitungswasser ist in der Regel stark gechlort und chemisch aufbereitet, so daß wir dieses Leitungswasser für unsere Aquarien nicht immer unbehandelt verwenden können. Es gibt im Zoofachhandel entsprechende Wasseraufbereiter, die das Wasser fischgerechter machen können.*

Wasseraufbereitung ist heute ein absolutes Pflichtthema für Aquarianer. Diese Umkehrosmoseanlage ist in der Lage, fast neutrales Wasser aus Leitungswasser herzustellen. Unter großem Druck wird das Leitungswasser durch Membranen gedrückt und Schadstoffe sowie Härtebildner herausgenommen.

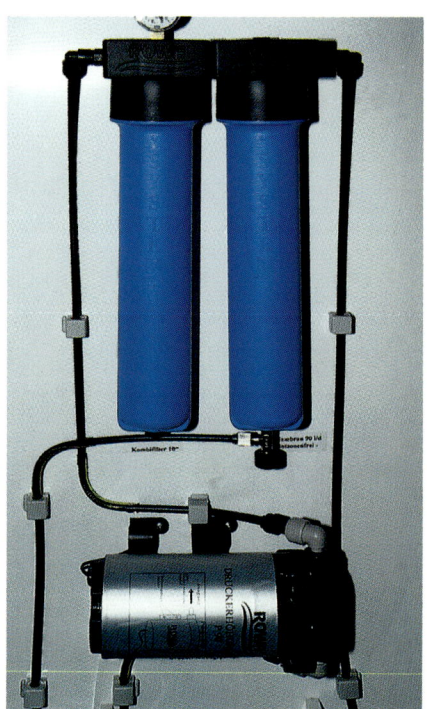

anderen auch die Teilentsalzung mit entsprechenden Ionenaustauschanlagen. Aus meiner langjährigen Praxis habe ich die Erfahrung gewonnen, daß das ideale Aquarienwasser eine Karbonathärte um 3 °dH und einen pH-Wert bei 6,8 aufweist. Ich glaube, daß diese Werte für die meisten Pflanzen geeignet sind. Mit Kohlendioxiddüngegeräten hat der Aquarianer auch immer ein Hilfsmittel zur Hand, das ihm bei der Versorgung der Aquarienpflanzen mit diesem wichtigen Nährstoff gut helfen kann. Der pH-Wert und die Karbonathärte des Wassers bestimmen in der Hauptsache, wieviel gelöstes Kohlendioxid im Wasser vorhanden sein kann. Selbstgebaute Kohlendioxidanlagen auf Basis von Hefe mit einer freien Gärung wurden vor der preiswerten Einführung guter Kohlendioxidanlagen gerne benutzt, doch bei diesen unkontrollierten Gärungsabläufen ist eine kontinuierliche und gleichmäßige Kohlendioxiddüngung nicht gewährleistet. So werden Sie bei der dauerhaften Pflege Ihres schönen Pflanzenaquariums nicht um-

Die ältere aber immer noch wirkungsvolle Methode, Wasser zu entsalzen beziehungsweise zu enthärten ist die Verwendung von Teil- oder Vollentsalzungsanlagen. Hier wird mit Hilfe von Harzen das Wasser verändert. Unter Umständen muß entsalztes Wasser wieder entsprechend aufbereitet werden, denn vollentsalztes Wasser entspricht destilliertem Wasser und wäre für unsere Fische und Pflanzen absolut ungeeignet.

Einblick in einen Aquarienschrank, in dem rechts der biologische Filter und links eine Gärflasche untergebracht wurden. 0Die einfache Hefegärung in der Flasche soll zur Kohlendioxiddüngung des Aquariums dienen. Jedoch sind solche einfachen Systeme kaum kontrollierbar und für eine dauer- und ernsthafte Aquaristik wenig geeignet.

Ein Kohlendioxidkontaktgerät, in welchem die Gasblasen mit dem Wasser in Berührung kommen und so das Kohlendioxid gezielt vom Wasser aufgenommen werden kann. Es gibt perfekt ausgestattete Geräte im Fachhandel, die eine genaue Dosierung und eine Nachtabschaltung zulassen. Diese Anschaffung zahlt sich für jedes Pflanzenaquarium unbedingt aus.

Das gefilterte Wasser soll nicht zu stark strömend aus dem Filter ins Aquarium spritzen, denn sonst wird unnötigerweise Kohlendioxid aus dem Wasser gelöst. Langsam laufende Filter sind für ein Pflanzenaquarium viel besser geeignet.

Hier hat der Aquarianer das Ausströmen des Filterwassers so gelöst, daß er die Filtereinläufe in verschiedenen Höhen im Wasser angeordnet hat. Somit entstehen keine unnötigen Luftblasen, welche Kohlendioxid austreiben würden. Diese Art, das Wasser einströmen zu lassen, ist hier zwar sehr aufwendig gelöst, denn das Aquarium mußte angebohrt und die Einläufe eingeklebt werden, doch kann es bei einem großen Aquarium durchaus lohnend sein, darüber einmal nachzudenken.

hin kommen, sich eine vernünftige Kohlendioxiddüngeanlage anzuschaffen. Diese Ausgaben machen sich jedoch in jedem Falle bezahlt.

Auch die Fische fühlen sich in einem Wasser mit diesen Meßwerten sehr wohl und überhaupt reagieren Fische auf sehr langsame Veränderungen des Wassermilieus kaum mit Unwohlsein oder Krankheiten. Nur plötzliche Wasserwertveränderungen, wie beispielsweise ein dramatischer Abfall des pH-Werts von 7,0 auf 5,5 innerhalb weniger Stunden würde dazu führen, daß die Fische möglicherweise so stark darunter leiden würden, daß es zu Todesfällen käme.

Die Fische und Pflanzen müssen eine biologische Einheit bilden und dies ist dann der Fall, wenn die Pflanzen gut wachsen, die Fische sich wohlfühlen und einige sich sogar im Aquarium fortpflanzen.

Der erste Eindruck

Der erste Eindruck ist der wichtigste – dies gilt auch für unser Aquarium. Nicht umsonst ist dieser Punkt auch bei der Bewertung der Heimschau seperat aufgeführt. Der erste Eindruck beeinhaltet auch die Präsentation der Fische und Pflanzen. So ist bei der Auswahl der Fische darauf zu achten, daß neben bodenbewohnenden Fischen vor allem auch Oberflächenfische eingesetzt werden, so daß nicht nur der Mittelraum des Aquariums mit Fischen besetzt ist. Es gibt sehr schöne Oberflächenfische, wie beispielsweise Beilbäuche, die einem solchen Aquarium einen interessanten Reiz vermitteln können. Bei der Auswahl der Pflanzen sind selbstverständlich die Wuchshöhen zu berücksichtigen, denn schließlich soll die Pflanzenhöhe vom Vordergrund aus nach hinten ansteigen. Es wäre störend, wenn im Vordergrund höher wachsende Pflanzen eingesetzt würden, die dann den Blick auf des gesamte Aquarium verdecken.

In Holländischen Aquarien werden bevorzugt Pflanzenkolonien eingesetzt, was wiederum bedeutet, daß kaum Einzelpflanzen Verwendung finden. Erst in einer größeren Gruppe kommt eine Pflanze zur Geltung. Buschige Anordnungen von Pflanzen mit kleinen Blättern vermitteln einen prächtigen Anblick. Das kräftige Grün der meisten Pflanzen muß durch Pflanzengruppen, die in rot oder rotbraun glänzen, aufgelockert werden.

Einblick in ein Aquarium, indem die verschiedenen Wuchshöhen der Pflanzen sehr gut zur Geltung kommen. Hier wurde von vorne nach hinten ansteigend eingepflanzt. Die roten Papageienblätter, Alternanthera reineckii, *und die braunen Wasserkelche,* Cryptocoryne wendtii, *bilden einen schönen Farbklecks.*

Unten: *Noch einmal aus der Nähe betrachtet: die roten Papageienblätter, rechts dahinter die dunklen Cryptocorynen, die eine wunderbare Farbergänzung zu den hellgrünen Pflanzen sind.*

Pflanzenaquarien abgestimmte Leuchtstoffröhren. Hier ist wohl die Beratung angesagt. In Zoofachgeschäften können Sie diese Leuchten auch im direkten Vergleich nebeneinander in eingerichteten Aquarien betrachten. So fällt Ihre Entscheidung wesentlich leichter. Eine Beleuchtung mit warmen Lichttönen ist angebracht, denn hierbei wirken die Pflanzen und Fische in ihren Farben viel angenehmer auf ihren Betrachter. Zu kalt wirkende Leuchtfarben wirken eher nüchtern und störend.

Zur Unterstützung der Fisch- und Pflanzenfarben müssen die richtigen Beleuchtungskörper eingesetzt werden. Holländische Aquarien werden in der Regel ausschließlich mit Leuchtstoffröhren beleuchtet. Inzwischen gibt es im Fachhandel zahlreiche speziell auf

Technische Möglichkeiten

Beilbäuche,
H.-J. Richter

Kleines Foto:
Die gesamte
Leuchtentech-
nik eines sol-
chen Aquari-
ums kann
über Regel-
schalter ge-
steuert wer-
den und so
lassen sich ver-
schiedene
Lichtsituatio-
nen im Aqua-
rium erzeu-
gen. Die
Drosseln der
Leuchten die-
nen gleichzei-
tig als Wärme-
spender für
das Aquarium.

Die technischen Möglichkeiten haben sich in den letzten Jahren auch in der Aquaristik sehr verändert. So gibt uns die Industrie heute zahlreiche Hilfsmittel an die Hand, mit welchen sich ein Aquarium fast mühelos betreiben läßt. Der Einsatz von Technik hängt auch vom Besatz des Aquariums ab. Ist ein Aquarium sehr stark mit Fischen besetzt, so ist eine gute Filterung vonnö-

ten, denn die Abfallstoffe – welche die Fische produzieren – müssen aus dem Wasser entfernt werden. Eine starke Verdünnung der Stoffwechselprodukte der Fische und Mikroorganismen kann zwar teilweise durch Teilwasserwechsel erreicht werden, jedoch genügt dies in der Regel ohne Filter nicht. Dicht bepflanzte Aquarien sollten jedoch mit langsam laufenden Filtern versehen werden, denn eine zu starke Wasserbewegung behindert das Pflanzenwachstum. Ein langsamer, biologisch funktionierender Filter ist also immer einem kräftigen Schnellfilter vorzuziehen.

Neben der allgemeinen bekannten üblichen Technik wie Beheizung, Beleuchtung und Filterung gibt es desweiteren noch eine Anzahl wenig bedeutender, aber nützlicher Hilfsmittel. Keinesfalls dürfen Sie aber den alten Fehler machen und einen Luftausströmerstein ins Aquarium einbringen. Zwar sehen diese Ausströmer mit tausenden von kleinen Luftbläschen auf den ersten Blick attraktiv aus, doch letztendlich sind sie unnatürlich treiben zudem das für das Pflanzenwachstum wichtige gelöste Kohlendioxidgas nur unnötig aus dem Aquarienwasser aus und behindern folglich das Wachstum der Pflanzen. Sauerstoff wird durch diese Luftbläschen sowieso kaum ins Wasser eingebracht, und zudem brauchen die Fische – zumindest bei vernünftigem Besatz – keine zusätzlichen Hilfsmittel, um Sauerstoff ins Aquarienwasser zu blasen. Sollte dennoch eine Sauerstoffanreicherung nötig sein, dann gibt es bessere technische Lösungen wie beispielsweise einen Oxidator, der

Sehr aufgeräumt sieht es in diesem Unterschrank aus, in dem alle elektrischen Leitungen zusammenlaufen und sich auch die Absperrhähne für die Filterung sowie die Flasche mit Kohlendioxid befinden. Hier sehen Sie deutlich den Vorteil eines geräumigen Aquarienunterschranks.

Biologisches Filtersystem unter einem Meerwasseraquarium.

eine intensivere Sauerstoffanreicherung bewirkt und zudem kaum Kohlendioxid austreibt.

Neben einer ausreichenden und gut ausgesuchten Beleuchtung und einem langsam laufenden Filter sollten Sie einer guten Aquarienheizung ein höheres Augenmerk schenken. Früher waren die Stabheizer für die Beheizung eines Aquariums die erste Wahl. Doch inzwi-

Eine Boden-heizung aus Heizkabeln sollte in jedem Pflanzenaqua-rium verlegt werden, denn diese Art der Heizung ist durchaus als ideal für ein Pflanzen-aquarium anzusehen.

Rechts: *In einem Neben-raum wurde hier die Filte-rung unterge-bracht. Die Dimensionie-rung der Filter-anlage zeigt bereits, daß es sich um ein sehr großes Aquarium handeln muß, welches hier betrieben wird.*

schen hat sich auf dem Gebiet der Aquarienbeheizung einiges getan. Sehr günstig ist es, die Aquarien mit einer Bodenheizung zu beheizen. Durch die leichte Erwärmung des Bodengrunds wird eine Durchströmung mit Wasser erreicht, was wiederum eine Nährstoffversorgung der Pflanzenwurzeln begünstigt. Hier gibt es verschiedene Kabelsysteme, die auf dem Glasboden angebracht und später mit Kies abgedeckt werden. Inzwischen ist auch ein in Giesharz gebettetes Heizsystem auf dem Markt, das viele Vorteile aufweist. Denn die Heizung ist fest im Boden installiert

und hält deshalb Strom leitende Systeme außerhalb des Wassers. Durch die Bodenheizung wird das Wasser im Hohlraumsystem des Bodengrunds ständig in Bewegung gehalten und diese gezielte Durchströmung des Bodens trägt zu einem erheblich besseren Pflanzenwachstum bei. Die Temperatur des Aquariums wird regelmäßig anhand eines Thermometers überprüft. Gut ist eine automatische Regelung der Wassertemperatur, bei der mit Hilfe eines Meßfühlers die Temperatur automatisch gemessen wird. Die ideale Wassertemperatur für ein eingerichtetes

Pflanzengesellschaftsaquarium liegt im Mittel bei 24 bis 26 °C.

Kommen wir nochmals zum Aquarienfilter zurück, denn dies ist ja schließlich ein wichtiger technischer Bestandteil unseres Aquariums. Ohne Filter geht es bei den meisten Aquarien nicht. Auf allen Filtermedien siedeln sich Bakterienkolonien an, die beim Abbau von Wasserverunreinigungen hilfreich sind. Gerade für diese Bakterien sind die Abfallstoffe der Fische und Pflanzen die wichtige Nahrung. Je größer der Aquarienfilter dimensioniert ist, desto mehr Bakterienkolonien können sich auf den Substraten darin ansiedeln und desto

Eine einfache und gute Art der Filterung sind sogenannte Topffilter, welche ebenfalls sehr gut im Aquarienschrank versteckt werden können.

Topffilter können mit den verschiedensten Filtermaterialien bestückt werden. So läßt sich auch über das Filtermaterial das Aquarienwasser beeinflussen. Beispielsweise könnten Torfgranulate dafür sorgen, daß das Wasser etwas angesäuert oder enthärtet wird.

Der blaue Filterschwamm ist sehr gut als Filtermaterial geeignet und findet heute in vielen Aquarien seinen Einsatz. Abgedeckt werden Filter meist mit einer Schicht Filterwatte, welche für die groben Verschmutzungen als Vorfilter gedacht ist.

Nur eine gute und intensive Beleuchtung ermöglicht einen solchen prächtigen Pflanzenwuchs wie er für das Holländische Pflanzenaquarium typisch ist.

Beleuchtung ist ein sehr vielfältiges Thema in der Aquaristik und wenn wir uns die verschiedenen Lichteffekte während eines Tages einmal vor Augen halten, sehen wir, daß Licht in den verschiedensten Farben vorhanden ist.

mehr Abfallstoffe werden folglich abgebaut. Die organischen Verbindungen, die sich im Filter als Schmutz sammeln, werden mit Hilfe von Sauerstoff von den Bakterien um- und abgebaut. Dies erklärt auch, daß neues Filtermaterial

Holländischen Aquarien ja meist sind – eignet sich nicht jede Filterart. Auch entwickelt hier jeder Aquarianer seine eigene Philosophie und jenen Filter, den er als am geeignetsten einstuft, wird er schließlich auch verwenden. Eine Aufstellung eines Außenfilters neben oder unter einem Aquarium ist möglich und wird oft praktiziert. Die Schlauchverbindungen müssen selbstverständlich regelmäßig genau kontrolliert werden, denn sonst kann es schon schnell zu einer Panne und zu einer Überschwemmung im Zimmer kommen. Da die meisten Aquarien auf einem Unterschrank stehen, lassen sich dort Außenfilter unauffällig unterbringen. So läßt sich auch der Filter entsprechend groß dimensionieren, wenn genügend Platz vorhanden ist. Dies steigert wieder die Filterleistung und vereinfacht unter Umständen auch die Reinigung. Diese idealen Außenfilter, die unter dem Aquarium stehen, sollten einen langsamen Wasserdurchfluß und eine eigene Sauerstoffversorgung aufweisen, denn dann ist der biologische Abbau der Schmutzstoffe besser gewährleistet. Würde das Wasser viel zu schnell durch einen solchen Filter laufen, so wäre die Filterwirkung ungenügend.

Als Filtermaterial eignen sich sehr viele Substrate, die im Zoofachhandel erhältlich sind. Genannt seien hier nur Schaumstoffarten, Filterwatte, Lavabruch, Kunststoffkörper unterschiedlichster Formen, Sinterglas, Aktivkohle oder Tonröhrchen. Wichtig ist nur, daß

noch ziemlich steril ist, da es kaum Bakterien enthält und aus diesem Grunde nicht wirksam arbeiten kann. Es dauert also einige Tage, ja sogar Wochen, bis ein Filter richtig zu arbeiten beginnt. Für größere Pflanzenaquarien – wie es die

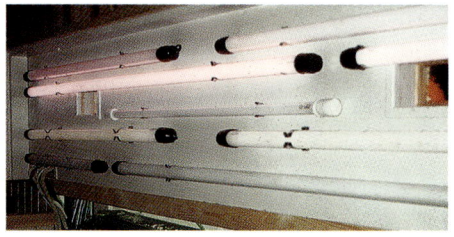

dieses Filtermaterial chemisch neutral ist und eine möglichst große Besiedlungsfläche für die Bakterien besitzt. Ist das Filtermaterial auf der Oberfläche sehr glatt, dann können sich hier nur wenige Bakterien ansiedeln. Ist es dagegen sehr porös, so ist die Oberfläche viel größer und die Bakterien können auch das Innere des Filtersubstrates voll besiedeln und ihre Arbeit leisten. Perlonwatte wird gerne als Vorfiltermaterial benutzt, denn diese läßt sich schnell austauschen wenn sie verschmutzt ist. Auch der blaue Filterschaumstoff ist inzwischen sehr beliebt geworden, denn ihn gibt in grober und feiner Porung und man kann ihn sich passend zurechtschneiden, um ihn in allen Filterbehältern einsetzen zu können.

Es ist wichtig, daß Sie das Filtermaterial nicht in eiskalten Wasser auswaschen, denn dann würden die Bakterienkolonien stark geschädigt. Verwenden Sie handwarmes Wasser und drücken Sie die Filterschwämme oder die Perlonwatte nur mehrmals aus. So richtig sauberes Filtermaterial ist wesentlich schlechter als Filtermaterial, welches noch einen Restbestand an Schmutz enthält, denn hier befinden sich die

bereits erwähnten wichtigen Bakterien. Achtung: große Filterkästen ersetzen nicht den regelmäßigen Teilwasserwechsel, denn mit dem Teilwasserwechsel tut man nicht nur den Fischen, sondern auch den Pflanzen etwas gutes, da die alten Schadstoffe verdünnt

und wieder neue Nährstoffe ins Aquarium eingebracht werden.

Der dritte Eckpfeiler in unserer Aquarientechnik ist die Beleuchtung und – wie bereits vorher beschrieben – bevorzugen die Niederländer für ihre Aquarien, Leuchtstoffröhren. Stellen Sie Ihr Aquarium in einen Aquarienschrank, so haben Sie auf diesem Aquarienschrank eine Abdeckklappe und diese eignet sich hervorragend dazu, die Leuchtstoffröhren anzubringen. Die Röhren können mit ihren wasserdichten Fassungen direkt an die Klappe geschraubt werden. Eine andere Möglichkeit ist es aber, einen Abdeckrahmen mit Leuchtstofflampen zu versehen, so daß die Lampen sicher auf dem Aquarium liegen. Die Leuchtstoffröhren liefern ein weiches und angenehmes Licht zu einem vernünftigen Preis. Die Vorschalt-

Lichthungrige Pflanzen wie der Graskalmus, Acorus gramineus, links, oder der Marsilea-Farn, im Vordergrund, erfordern intensive Beleuchtungen von etwa einem Watt pro Liter Wasser im Aquarium. Der Ceylon-Wasserfreund, Hygrophila polysperma, rechts, benötigt hingegen weniger Licht und muß entsprechend häufig eingekürzt werden.

Auch rote Wasserpflanzen wie das Rote Papageienblatt, Alternanthera reineckii „Rosa", vorne, brauchen viel Licht, ebenso wie das Tausendblatt, Myriophyllum elatinoides, hinten.

geräte oder Drosseln entwickeln eine starke Wärme, die den Wirkungsgrad der Röhren sowie ihre Lebensdauer mindert. Viele Aquarianer nutzen diese Wärme deshalb gleichzeitig aus, um das Aquarienwasser mitzuheizen, indem sie die Drosseln unter dem Aquarium montieren. Die dafür erforderliche aufwendige Verkabelung muß aus Sicherheitsgründen unbedingt von einem Fachmann ausgeführt werden.

Weisen die verwendeten Leuchtstoffröhren überwiegend Blauanteile in ihrem Lichtspektrum auf, so werden sie als Tageslichtleuchten bezeichnet. Sie wirken dann aber auf den Betrachter fast kalt, denn ihr Licht empfindet das menschliche Auge als sehr hell. Angenehmer sind die sogenannten Warmtonleuchten, die einen größeren Rotanteil besitzen und somit für unseren Aquarienpflanzen besser geeignet sind. Hier empfiehlt es sich, Aquarien im Zoofachgeschäft mit den entsprechenden Lampen zu betrachten. Übrigens sollte die Beleuchtungsdauer eines solchen Aquariums etwa zwölf Stunden täglich betragen. Ein Beleuchtungszeitraum von zehn bis maximal 14 Stunden bewegt sich im Rahmen des üblichen.

Wenn Sie Ihr Aquarium über einen längeren Zeitraum betrachten möchten, dann ist es sinnvoll, wenn Sie eine oder zwei Leuchten mit einer weiteren Schaltuhr getrennt schalten, so daß das Aquarium währenddessen nur noch eine geringere Lichtmenge erhält.

Sogenannte HQL- oder HQI-Leuchten finden in den geschlossenen Aquarienschränken kaum Anwendung und sind über Holländischen Pflanzenaquarien sicherlich die absoluten Exoten unter den Beleuchtungsmitteln.

Ein kräftiger Pflanzenwuchs erfordert eine intensive Beleuchtung; vor allem wenn – wie hier – die langen Sumpfschraubenblätter an der Obefläche fluten und zusätzlich Licht abschirmen.

Die Natur lebt uns die Formen- und Farbenvielfalt vor und wir müssen nur mit offenen Augen spazierengehen, um Anregungen für die Einrichtung eines schönen Aquariums zu bekommen. Neben den Niederländern sind auch die Japaner Meister dieses Fachs und im bede-Verlag sind einige Bücher über die Einrichtung japanischer Naturaquarien mit bezaubernden Pflanzenlandschaften erschienen. Der Aufbau von Pflanzengruppen ist einer der wichtigsten Faktoren bei der Einrichtung eines Holländischen Pflanzenaquariums. Die Verwendung von Einzelpflanzen oder weni-

Die Natur gibt uns in ihren zahlreichen Formen viele Beispiele für die Einrichtung von attraktiven Aquarien. Gehen Sie doch einfach einmal mit offenen Augen auf einen Entdeckungsspaziergang.

Moorkienwurzeln sind ideale Gestaltungshilfsmittel für ein Aquarium. Die Natur macht es uns eigentlich vor, und wir müssen es nur nachmachen. Gerade die Japaner sind hier wahre Meister und das Japanische Naturaquarium ist in den letzten Jahren zu einem feststehenden Begriff in der Aquaristik geworden.

35

Rote Pflanzen sind ideale Highlights für ein Aquarium, jedoch muß bei der Verwendung von roten Pflanzen etwas Zurückhaltung betrieben werden, denn zuviel kann sich schnell ins negative umschlagen. Wenn die roten Farben zu sehr dominieren, dann wirkt das Aquarium zu künstlich oder gar kitschig. Das Rote Papageienblatt, Alternanthera reineckii – hier in der Zuchtform „Rosa" – ist das einzige Papageienblatt, das wirklich gut für die Aquaristik geeignet ist. Eine solche Gruppe sollte jedoch nie in den Vordergrund gepflanzt werden.

gen Pflanzen einer Art ist verpönt und nur der Einsatz von sogenannten Solitärpflanzen, die etwas besonders darstellen, ist erlaubt.

In Aquarien wirkt nichts unnatürlicher als das Einsetzen einzelner Pflanzen oder Pflanzenstengel, die – zu einem Sammelsurium zusammengesetzt – dem Charakter eines Urwalds ähneln, in dieser Weise aber keinesfalls die interessante Form des Unterwassergartens darstellen können. Sie müssen sich also vorher einen Pflanzplan machen, auf welchem Sie festlegen, welche Pflanzen wo eingesetzt werden sollen. Diese Pflanzengruppen dürfen Sie keinesfalls zu klein wählen, denn zu viele verschiedenen Pflanzenarten in einem Aquarium stören wiederum. Rechnen Sie doch einfach pro zehn Zentimeter Aquariumlänge eine Pflanzenart. Dies würde also bedeuten, daß ein Aquarium mit 1,60 Meter Gesamtlänge etwa 16 verschiedene Pflanzen verträgt. Doch dies soll wirklich die Obergrenze sein und Sie können auch sehr schöne Effekte erzielen, wenn Sie in ein solches Aquarium nur acht bis zehn verschiedene Pflanzenarten einsetzen und dann vielleicht noch eine einzelne auffällige Solitärpflanze wie eine Seerose der Gattung *Nymphaea* oder eine große Schwertpflanze der Gattung *Echinodorus* darzustellen.

Immer stärker werden interessante rote Aquarienpflanzen angeboten, die gerne dazu verführen, daß man zuviele davon in das Aquarium einsetzt. Ein Aquarium soll auch Ruhe ausstrahlen und dies erreichen Sie dann, wenn Sie die ruhige grüne Farbe favorisieren und rot, welches oft unruhig und aggressiv wirkt, nur vereinzelt einsetzen. Andererseits wäre es natürlich auch falsch, wenn ausschließlich grüne Pflanzen verwenden würden und keiner roten Pflanzen eine Chance ließen. Mit roten Pflanzen können Sie Akzente setzen und hervorragende Kontraste erzielen. Rote Pflanzen sind aber meist auch etwas schwieriger in der Pflege, denn sie brauchen viel Licht und manchmal auch etwas höhere Karbonathärtewerte, was nicht zu vergessen ist.

In Holländischen Aquarien werden gerne sogenannte „Leidener Straßen" aufgebaut, die Sie sich am besten aufgrund von Abbildungen vorstellen können. Solche Straßen mit Pflanzen aufzubauen ist nicht ganz einfach und vor allem müssen die Pflanzen auch entsprechend zugeschnitten werden, denn würde ein solches stark bepflanztes Aquarium vier Wochen ohne Pflege gelassen, so käme es zu einem erheblichen „Wildwuchs" und die Schönheit des Aquariums würde darunter leiden. Ein Pflanzenaquarium braucht immer Pflege und Pflege bedeutet auch Pflanzenschnitt. Das bedeutet, daß die oberen Teile der Pflanzen etwa jede zweite Woche abgeschnitten und neu eingesetzt werden. Die unteren Stengel werden weggeworfen oder in einem weiteren Aquarium zum erneuten Austreiben gebracht.

Die „Leidener Straße"

Vom Vorbild der Natur lassen sich viele Aspekte auf die Aquaristik übertragen. Kombiniert mit verschiedenen gestalterischen Tricks läßt sich so ein sehr natürlich wirkendes Aquarium gestalten. Das Beispiel dieser Straße im Wald soll die optische Wirkung einer mit zunehmender Entfernung scheinbar schmaler werdenden Straße verdeutlichen. Die Straße wird ja nicht wirklich schmaler, sondern sie wirkt lediglich so. Diesen Effekt können sich Aquarianer und Raumgestalter zu Nutze machen.

Wir wissen aus Erfahrung, daß die Fluchtpunkte am Horizont nicht wirklich kleiner oder Linien schmaler sind. Übertragen wir dieses Wissen unbewußt auf die Betrachtung von Bildern oder anderen Objekten sowie eben auch Aquarien, werden die Wasserpflanzen nun derart eingesetzt, daß sie – von vorn nach hinten etwas größer werdend, indem beim Einkürzen die Stengel länger belassen bleiben – in immer geringerer Anzahl nebeneinander gesetzt werden und so den optische Eindruck von einer größeren Tiefe entstehen lassen. Die Nutzung dieses Effekts wird – nach dem Ort ihrer Erfinder – Leidener Straße genannt.

Zu einer Straße oder einem Weg gehört nicht nur das „lineare Element", sondern auch die Begrenzung und andere auffällige Elemente sind von Bedeutung. Ähnliches sollte mit anderen Pflanzen neben der Leidener Staße nachvollzogen werden. Dabei muß selbstverständlich dem Prinzip gefolgt werden, daß im Vordergrund niedrigere Pflanzen als weiter hinten einzusetzen sind. Einzelne höher wachsende Gruppen im Mittelbereich wirken jedoch besonders attraktiv, da sie den Eindruck der räumlichen Tiefe, der durch die Leidener Straße entsteht, noch verstärken. Die Leidener Straße wirkt also erst unter Einbeziehung ihres Umfeld richtig.

Nicht nur Straßen sind lineare Elemente, sondern auch gewässer oder Hecken sowie Waldränder. Es gibt genügend Anregungen in der Natur, die sich zur Übertragung auf Aquarien eignen. Auch in diesen Beispielen ist es so, daß nicht nur das Gewässer als Element übertragen wurde, sondern auch die Pflanzen an den Rändern. Auffällig ist an diesem Beispiel zudem, daß wir dazu neigen, daß wir bereits intensiv vom Menschen gestaltete parkartige Landschaften als schön empfinden und gerade diese nachvollziehen beziehungsweise übertragen wollen. Dies fällt dann auch meist leichter als eine völlig natürliche Wirkung gestalten zu wollen.

Auswahl der Pflanzenarten

Durch starke Wasserbewegung wird in einem Aquarium immer Kohlendioxid ausgetrieben. Da Kohlendioxid ein wichtiger Pflanzennährstoff ist, müssen Sie beim Filtereinlauf darauf achten, daß die Wasseroberfläche nicht zu intensiv bewegt wird.

Ein Sprudelstein gehört nicht in ein Pflanzenaquarium. Es ist ein Widerspruch, auf der einen Seite Kohlendioxid über eine Düngeanlage in das Wasser zu geben, es auf der anderen Seiten aber mit einem Sprudelstein wieder auszutreiben.

So komisch dies klingt, aber es gibt weit weniger echte Wasserpflanzen als man glaubt. Doch es gibt zahlreiche Sumpfpflanzen die zwar in der Natur nur gelegentlich oder nur während bestimmter Jahreszeiten unter Wasser geraten, doch aufgrund ihres Anpassungsvermögens gelingt es, sie in der Aquaristik als übliche Aquarienpflanzen einzusetzen. Voraussetzung ist, daß die Wasserqualität entsprechend gut ist und genügend Licht und Nahrung für die Pflanzen angeboten wird. Aquarienpflanzen brauchen Dünger, den sie in erster Linie aus dem Aquarienwasser entnehmen. Durch regelmäßige Teilwasserwechsel werden dem Aquarium immer wieder

neue Düngemittel zugesetzt, doch sollten Sie auch regelmäßig einen guten Wasserpflanzendünger aus dem Zoofachhandel nach Vorschrift zusetzen, damit die Grundversorgung Ihrer Pflanzen gegeben ist.

Das Kohlendioxid ist ein weiterer wichtiger Basisnährstoff für unsere Wasserpflanzen und bei einem Kohlendioxid-

mangel wird von manchen Wasserpflanzen ein Teil der Härtebildner im Wasser als Kalk ausgefällt und dann auf den Blättern der Pflanzen als grauweißer Belag sichtbar.

Durch starke Belüftung des Wassers würde Kohlendioxid ausgetrieben, was wiederum schlecht wäre und deshalb hier nochmals die Empfehlung, das Wasser im Aquarium nur wenig zu bewegen. Also einen langsam laufenden Filter einsetzen und keinesfalls einen Sprudelstein in das Aquarium bringen. Pflanzen und Fische atmen und geben somit Kohlendioxid an das Wasser ab. Da Pflanzen auch Kohlendioxid als

Nährstoff verbrauchen, mangelt es in stark bepflanzten Aquarien oft an diesem wichtigen Gas. Der Kohlendioxidgehalt im Pflanzenaquarium sollte zwischen 20 und 40 mg/l liegen, wenn dies nicht der Fall sein kann, ist eine Kohlendioxiddüngung einzubauen. Zum Messen des Kohlendioxidgehalts gibt es Tropfreagenzien, mit welchen sich dieser leicht messen läßt. Auch aus der Messung des pH-Werts läßt sich indirekt auf den Kohlendioxidgehalt des Wassers schließen; ein Prinzip, das sich viele Dauertests zunutze machen. Eine beiligende Farbskala erlaubt den direkten Vergleich der Werte.

Die oben abgebildete Leidener Straße wurde mit Kardinalslobelien, Lobelia cardinalis, gepflanzt. Diese Pflanze hat, sich für die spezielle Form der Aquariengestaltung sehr bewährt.

43

Bei der Bepflanzung eines Holländischen Aquariums ist darauf zu achten, daß die Pflanzengruppen in verschiedenen Wuchshöhen ausgewählt werden, denn erst dann gibt es eine schöne Abstufung der einzelnen Pflanzengruppen mit guter Sicht nach hinten. Sie können sich beispielsweise in dem Buch „Ihr Hobby Aquarienpflanzen" bestens informieren, wie hoch die einzelnen Pflanzen wachsen werden, sofern es sich nicht um Stengelpflanzen handelt, die ohnehin regelmäßig eingekürzt werden müssen.

Werden Aquarienpflanzen in der Pflanzengärtner emers kulitiviert, so bedeutet dies, daß sie etwa mit dem unteren Drittel in Wasser stehen, aber mit den Blättern über Wasser, letztere also trocken kultiviert werden. Zwar werden diese Pflanzen regelmäßig mit Wassernebeln besprüht, so daß eine hohe Luftfeuchtigkeit in diesen Gärtnereien vorhanden ist, doch eigentliche Unterwasserpflanzen sind dies nicht. Die Anzahl der so angebotenen Aquarienpflanzen ist riesig groß und bei guter Vorarbeit der Gärtnerei lassen sich solche Pflanzen auch sehr gut submers – also unter Wasser – im Aquarium einsetzen und pflegen.

Bei der Auswahl der Aquarienpflanzen müssen verschiedene Wuchshöhen berücksichtigt werden, denn für den Vordergrund werden kleinerbleibende Pflanzenarten benötigt. Hierfür eignen sich beispielsweise zwergwüchsige

Echinodorus-Schwertpflanzen oder verschiedene Farne. Auch die Brasilianische Graspflanze, *Lilaeopsis brasiliensis*, meist noch unter dem falschen Namen *Lilaeopsis novae-zelandiae* gehandelt, sowie Zwergwasserkelche, *Cryptocoryne parva*, sind für den Vordergrund ideal. Vor allem der Zwergwasserkelch ist sehr beliebt, da er mit relativ wenig Licht auskommt und nur etwa ein Watt pro zwei Liter Wasser benötigt, während die anderen Voerdergrundpflanzen ein 1:1-Verhältnis bevorzugen.

Hier wurde die Leidener Straße mit Indischen Wassersternen, Hygrophila difformis, gepflanzt. Da es sich um eine sehr schnellwüchsige Pflanze handelt, erfordert die Pflege dieser Straße sehr viel Aufwand, denn sie muß jede Woche neu eingekürzt und gesetzt werden.

Das obere Bild ist ein Ausschnitt aus diesem Aquarium. Die Rötliche Amazonasschwertpflanze, Echinodorus osiris „Rot", rechts im Bild, kontrastiert als auffällige Solitärpflanze gut zur Leidener Straße. Pflanzenliste auf Seite 49.

Schmalblättrige Sumpfschrauben, Vallisneria gracilis, *mitten in einer Roten Papageienblatt gruppe,* Alternanthera reineckii *„Rot" – eigentlich eine „verbotene" Bepflanzungsvariante. Aber in dieser Form ein toller Anblick und eine gute Idee. Auch die hellgrünen Riesenwasserfreunde,* Hygrophila corymbosa, *kontrastieren sehr schön zu dieser Gruppe. Die Fische: Hechtlinge,* Aplocheilus lieneatus, *und Rote Neonsalmler,* Paracheirodon axelrodi, *ergänzen die kontrastreiche Bepflanzung hervorragend.*

Vor allem für den mittleren Bereich mit den halbhohen Pflanzen gibt es zahlreiche infrage kommen Pflanzen. Amazonasschwertpflanzen, *Echinodorus*-Arten, aber auch die Wasserkelche, *Cryptocoryne*-Arten aus Südostasien sind in ihrer Vielzahl sehr gut geeignet. Haarnixen, *Cabomba*-Arten, sind ebenfalls sehr beliebt, bei entsprechender Pflege dankbar und bereits auch im Hintergrund einsetzbar. Als Stengelpflanzen müssen sie jedoch regelmäßig eingekürzt werden. Wasserfreunde, *Hygrophila*-Arten, sind bewährte Aquarienpflanzen, die sehr wuchsfreudig sind. Sumpffreunde, *Limnophila* sp., und Ludwigien, *Ludwigia* sp., sowie die auffälligen, meist rotblättrigen *Rotala*-Arten sind weitere empfehlenswerte, altbekannte Pflanzen für ein Aquarium. Der Javafarn, *Microsorum pteropus*, wird sehr gerne eingesetzt, wenn Aufwuchspflanzen als Bewuchs von Wurzeln und Steinen gesucht werden. Das gilt auch für das Zwergspeerblatt, *Anubias barteri* var. *nana*.

Ideale Solitarpflanzen sind beispielsweise die Tigerlotusvarianten, *Nymphaea* sp., die Langblättrige *Barclaya*, *Barclaya longifolia*, aber auch herrliche Wasserähren, *Aponogeton* sp., mit ihren kräftigen Knollen.

Die Supfschrauben der Gattung *Vallisneria* ergänzen in ihren vielfältigen Wuchsformen die Bepflanzung eines Aquariums, worin sie meist als hochwachsende Hintergrundpflanze eingesetzt werden.

Aufstellen und Einrichten

Der Pflanzplan zum Aquarium auf Seite 44/45 unten.

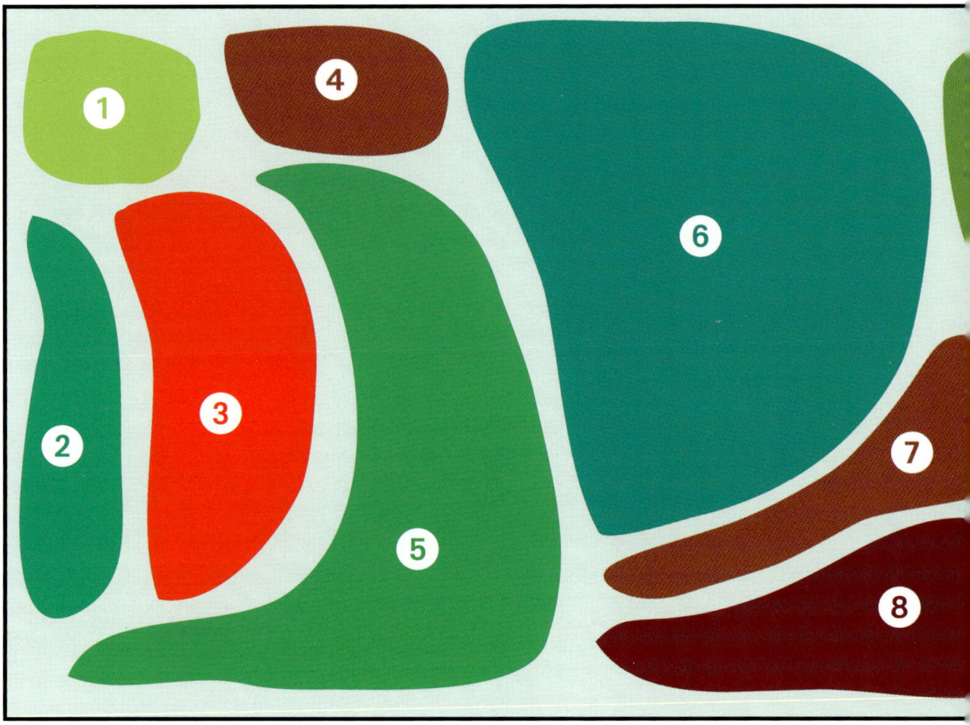

The plant plan diagram with numbered regions 1 through 8.

Die obere Schicht des Bodengrundmaterials muß vor dem Einbringen ins Aquarium gut gewaschen werden, um Schmutz zu entfernen, denn sonst wird das spätere Aquarienwasser einfach zu trüb und es dauert viele Tage, bis die Trübung wieder einigermaßen verschwunden ist.

Wenn Sie sich umfassend informiert haben wie Ihr späteres Aquarium einmal aussehen soll, dann können Sie jetzt an die Zusammenstellung der benötigten Einrichtungsgegenstände gehen. Sicherlich ist es günstig, sich einen Einrichtungsplan auf einem Stück Papier zu zeichnen, damit die Einrichtung später einfacher wird. Es ist wirklich hilfreich zu wissen, welche Pflanzen man kaufen möchte, wo diese Pflanzen im Aquarium eingesetzt werden sollen und welche Alternativpflanzen zum Austausch infrage kommen würden,

falls eine bestimmt Art oder Sorte nicht erhältlich sein sollte. Denn leider ist es so, daß nicht immer jede gewünschte

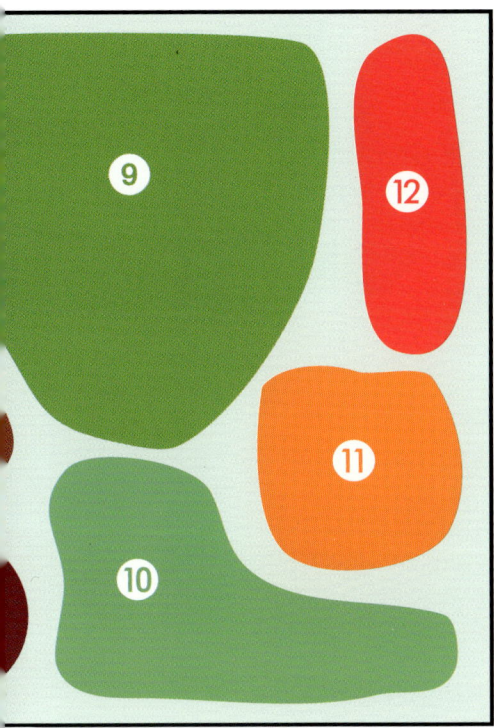

Pflanze beim Fachhändler vorrätig ist und dann müssen Sie vielleicht einen Kompromiß schließen oder etwas länger auf die Pflanzenbestellung warten. Neben dem Bodengrund sind Einrichtungsgegenstände wie Steine oder Wurzeln sehr kritisch zu betrachten, denn möglicherweise können diese nichtgewünschte Stoffe an das Aquariumwasser abgeben.

Der falsche Bodengrund hat beispielsweise schon manchen Aquarianer an den Rand der Verzweiflung gebracht. Beim Bodengrund ist die Auswahl nicht nur in Bezug auf die Körnung, sondern auch in Bezug auf die Farbe sehr wichtig. Wählen Sie einen möglichst natür-

Der Bodengrund für ein Pflanzenaquarium kann mit zusätzlichem Dünger versetzt werden. Die Einbringung des Bodengrunds kann von vorne nach hinten ansteigend ausgewählt werden. Die Bodengrundhöhe in einem Pflanzenaquarium muß mindestens 6 cm betragen. Höhen bis zu 10 und 12 cm sind gut möglich.

Es sollten niemals zu unterschiedliche Gesteinssorten zur Dekoration in einem Aquarium genutzt werden, weil dies wie ein geschmackloses Sammelsurium wirken würde.

Bei der Auswahl von Wurzeln für ein Aquarium müssen Sie Sorge tragen, daß nur die geeigneten Moorkienwurzeln aus unseren Torfgebieten eingesetzt werden. Keinesfalls dürfen Sie Wurzeln aus dem Wald mitnehmen und in das Aquarium einsetzen, denn sonst käme es zu einer schnellen Fäulnis und zum Verderben des Aquarienwassers.

Im Fachhandel gibt es zahlreiche Steinvarianten, die teils sehr bizarre Strukturen besitzen und somit läßt sich ein Aquarium auch mit einzelnen Steinen sehr attraktiv gestalten und auflockern.

Bei der Auswahl der Steine müssen Sie sich darauf verlassen können, daß diese keine giftigen metallischen Verbindungen an das Wasser abgeben können. Schiefer ist fast immer ein idealer Stein für ein Aquarium.

lichen Bodengrund in nicht zu dunkler Färbung. Daß die spätere obere Schicht des Bodengrunds vor dem Einbringen ins Aquarium gründlich mit klarem Wasser durchgewaschen werden sollte, dürfte klar sein, denn sonst ist Ihr Aquarium erst einmal für einige Tage eine

trübe Angelegenheit. Pflanzennährstoffe, die gleich mit dem Bodengrund ins Aquarium gebracht werden, müssen als untere Schicht im Bodengrund plaziert werden, so daß ein aufwühlen – beispielsweise durch Fische oder beim Einsetzen der Pflanzen – vermieden wird. Es gibt im Handel fertige Depotdünger, die bereits fertig in Bodengrund eingemischt sind und sich sehr gut unter der letzten Abdeckschicht aus Kies oder Sand unterbringen lassen.

Schwieriger wird es bei der Auswahl der richtigen Steine für ein Aquarium, denn keinesfalls dürfen Steinssorten ausgewählt werden, die metallische Verbindungen an das Wasser abgeben könnten. Auch hier ist es günstig, wenn Sie sich bei der Auswahl etwas beraten lassen, denn heute gibt es eine große Vielzahl von herrlich geformten und dekorativen Steinen im Fachhandel. Solche einzelnen Steine können durchaus als Schaustücke ganze

Aquarien verändern. In Holländischen Pflanzenaquarien spielen diese Steinformationen jedoch eher eine untergeordnete Rolle. Wichtiger sind die Wurzelstöcke, wobei hier immer wie-

der die sogenannten Moorkienholzwurzeln bevorzugt werden. Doch auch interessant geformte Steinwurzeln oder tropisches Wurzelholz ist in vielen Kombinationen im Handel erhältlich. Hier läßt sich wirklich aus dem Vollen schöpfen. Bei den Wurzeln müssen Sie darauf achten, daß diese gut gereinigt sind und entsprechend gewässert werden, damit sie nicht zuviele Huminstoffe an das Wasser abgeben. Eine größere Moorkienwurzel kann durchaus das Wasser eines Aquariums farblich so stark beeinflussen, daß dieses wie hellbrauner Tee aussieht. Ein zu braun gefärbtes Wasser filtert zu viel Licht heraus und sieht im Aquarium nicht besonders schön aus. Mit selbstgesammelten Wurzeln aus dem Wald müssen Sie vorsichtig sein, denn diese sind durchweg nicht für die Aquaristik verwendbar, weil sie im Wasser sofort zu verfaulen beginnen und dadurch Giftstoffe an das Wasser abgeben und das Algenwachstum fördern.

Ist das Aquarium aufgestellt, die Technik eingebracht und der Bodengrund eingefüllt, so können Sie mit der Pla-

Im Fachhandel gibt es heute zahlreiche für die Aquaristik bestens geeignete Wurzelformationen und so können Sie Ihr Aquarium schon im Vorfeld mit allerlei Wurzelstöcken ausstatten und dann später die Pflanzen und die kleineren Wurzeln gruppieren.

Mit Hilfe eines untergestellten Tellers kann das Leitungswasser einfach in das Aquarium gefüllt werden, ohne daß es zu unnötigen Aufwirbelungen des Bodengrunds kommt, was eine unnötige Trübung des Wassers verursachen würde.

Die Pflanzen, welche in Töpfchen und Schaumstoff angeliefert werden können, müssen aus diesen Töpfen herausgeschnitten werden.

Vorsichtig sind das Bleiband und der Schaumstoff oder die Glaswolle zu entfernen, ohne dabei die Wurzeln der Pflanzen zu verletzen.

zu plazieren, daß ein Aufwirbeln vermieden wird. Auch muß das Wasser bereits temperiert sein, damit die frischeingesetzten Pflanzen keinen Kälteschock bekommen. Ist das Aquarium zu einem Drittel gefüllt, beginnen Sie mit dem Einsetzen der Pflanzen. Die Pflanzen erhalten Sie bei Ihrem Fachhändler in Bündeln, von welchen Sie meist noch die Bleibändchen entfernen müssen. Handelt es sich um eingetopfte Pflanzen, so sind die Töpfe zu entfernen, die Wurzeln vorsichtig zu säubern und dann die Pflanzen einzusetzen. Setzen Sie Ihre Pflanzen nach Pflanzplan in Gruppen ein.

zierung der Dekorationsgegenstände wie Steine oder Wurzeln beginnen und das Aquarium etwa zu einem Drittel mit Wasser füllen. Hierzu verwenden Sie entweder Leitungswasser oder falls Ihr Leitungswasser ungeeignet ist, entsprechend aufbereitetes Wasser.

Beim Einfüllen des Wassers ist darauf zu achten, daß der Bodengrund nicht aufgewirbelt wird, da sonst dieses Wasser einfach zu trüb ist. Es empfiehlt sich deshalb, auf den Boden des Aquariums einen Teller zu stellen, in welchen das Wasser gegossen wird, oder der Schlauch ist so

Bedenken Sie dabei aber auch, daß die Pflanzen jetzt noch nicht die endgültige Größe haben können, so daß möglicherweise anfangs Ihr Aquarium noch sehr lehr aussieht. Stören Sie sich daran bitte nicht, denn bereits nach zwei bis vier Wochen haben sich die Pflanzen schon so stark vermehrt, daß jetzt das Aquarium bereits gut bepflanzt erscheint. Zeit ist auch in der Aquaristik ein Faktor, den man vielmehr berücksichtigen sollte. Gerade in der hektischen Zeit ist es wichtig, daß man sich für sein Hobby etwas mehr Zeit nimmt.

Beim Einpflanzen ist darauf zu achten, daß die Wurzeln nicht zu stark umgeknickt werden. Nehmen Sie die Pflanzen zwischen die Finger und graben Sie mit zwei Fingern ein kleines Loch in den Bodengrund, setzen Sie die Pflanze hinein und häufeln Sie etwas Kies um die Pflanze herum an. Ziehen Sie etwas an der Pflanze, so daß sie wieder etwas aus dem Bodengrund herausgezogen wird. Meist werden Pflanzen nämlich zu tief eingesetzt und dann beginnen Sie am Wurzelansatz zu faulen.

Wenn Sie alle Pflanzen ins Aquarium eingesetzt haben, können Sie mit dem Auffüllen weitermachen und jetzt das Aquarium zu etwa drei Vierteln mit Wasser füllen. Füllen Sie es noch nicht ganz auf, denn Sie müssen nach einiger Zeit mit Ihren Händen nochmals die Pflanzen nachkorrigieren und kleine Veränderungen vornehmen. Dies ist dann bei etwas niedrigerem Wasserstand viel besser zu bewerkstelligen. Erst wenn Sie mit Ihrem Aquarium so weit zufrieden sind, füllen Sie es komplett auf und nehmen dann die Technik wie Beleuchtung, Filter und Heizung in Betrieb.

Ein neu eingerichtetes Aquarium muß selbstverständlich etwas öfters begutachtet werden, denn erstens ist es interessant es zu beobachten und zweitens kann es gerade in der Anfangsphase schon einmal zu einer kleinen technischen Panne kommen. Da ist es dann wichtig, daß diese Unzulänglichkeiten schnell erkannt werden und Abhilfe geschaffen wird. Ihr Aquarium ist in Betrieb genommen und stolz stehen Sie vor ihm – selbst wenn es jetzt noch nicht so toll aussehen kann, haben Sie doch etwas schönes geschaffen.

Fische befinden sich ja noch keine in diesem Aquarium und das ist auch richtig so, denn bis zum Einsetzen der ersten Fische müssen Sie sich einfach noch etwas gedulden. Ein Aquarium muß erst einmal „ökologisch eingefahren" werden. Biologisch ist Ihr Aquarium noch eine recht instabile Angelegenheit und Sie müssen jetzt dafür sorgen, daß Ihr Aquarienwasser biologisch aktiv wird. Neueingerichtete Aquarien besitzen noch wenige Bakterien und deshalb hilft hier die Zugabe von Starterbakterien sehr. Selbstverständlich würden sich diese Bakterien über einen längeren Zeitraum auch von selbst in größerer Menge ansiedeln, jedoch können Sie das Ganze beschleunigen und sich ein gutes Bakterienkonzentrat im Zoofachhandel kaufen. Es besteht auch die Möglichkeit, aus einem älteren Aquarium einen Teil von dem Filter-

Am besten pflanzen Sie die Aquarienpflanzen mit der Hand ein, denn so bekommen Sie ein gutes Gefühl dafür, ob die Wurzeln richtig im Bodengrund verankert sind.

53

Oben: Nach der ersten Bepflanzung werden sie vielleicht enttäuscht sein, denn Sie hatten das Bild eines solchen Aquariums im Hinterkopf, aber nun stehen die Pflanzen unordentlich und das Wasser ist trüb... Nur Geduld – die Pflanzen richten sich in den nächsten Tagen von selbst auf und das Wasser wird sich auch klären.

Die Kardinalslobelie, Lobelia cardinalis, einmal nicht als Leidener Straße, sondern als dominierende Gruppe gepflanzt.

In der Mitte dieses Bildes sehen Sie den Indischen Wasserstern, Hygrophila difformis, *der in diesem Aquarium einmal bis zur Wasseroberfläche wachsen darf. Rechts ist er von einer Gruppe Ludwigien,* Ludwigia palustris X repens, *und links von einer großen* Echinodorus *begleitet.*

material in den Filter des neuen Aquariums einzubringen und somit die Bakterienkulturen des alteingefahrenen Aquariums zu nutzen. Allerdings sollte man sich dabei schon sicher sein, daß in diesem Aquarium keine Fischkrankheiten vorherrschten. Die Bakterien im Aquarium müssen auch gefüttert werden und da sich noch keine Fische im Aquarium befinden, gibt es auch kaum organische Abfallstoffe, die die Bakterien verzehren könnten. Sie können also ruhig wenig Fertigfutter in das Aquarium streuen, welches dann nicht den Fischen, sondern den Bakterien als Futter dient. Nach etwa drei Wochen wird Ihr Aquarium so weit eingefahren sein, daß Sie bedenkenlos alle Arten von Fischen einsetzen können.

Da Aquarianer Algen nicht besonders lieben, denn sie behindern den Pflanzenwuchs und stören den freien Einblick ins Aquarium, wird immer wieder empfohlen, von Anfang an algenfressende Fische oder Garnelen einzusetzen. Dies können Sie durchaus tun und diese Algenvertilger nach einigen Tagen einsetzen. Einer der häufigsten Anfängerfehler der, daß die Fische zu früh in das Aquarium eingesetzt werden. Wenn Sie sich also drei Wochen geduldet haben, dann können Sie nun endlich Ihren Traumfischbesatz – den Sie sich vielleicht schon vorher bei Ihrem Händler bestellt haben – ohne Bedenken in Ihr Aquarium einsetzen.

Algenprobleme

Eines der Hauptproblem bei Süßwasseraquarien ist ein unerwünschter Algenwuchs. Die meisten Aquarianer haben panische Angst vor Algen, obwohl – genau betrachtet – Algen durchaus fantastisch schön sein können und ich habe schon manches alteingerichtete Aquarien gesehen, in dem beispielsweise der Algenbewuchs auf Wurzeln oder Aquarienrückwänden eine dekorative Bereicherung war. Da es ja algenfressende Fische wie beispielsweise Zwergharnischwelse, *Otocinclus* sp., oder die bewährte Siamesische Grünflossenbarbe, *Crossocheilus siamensis*, gibt, ist es gar nicht verkehrt, wenn sich auch Algen im Aquarium befinden, denn diese Fische werden es Ihnen danken. Sicherlich ist es lästig und fatal, wenn in einem neueingerichteten Aquarium plötzlich die Algen wachsen, alles überwuchern und zur Plage werden. Dann besteht wirklich ein massives Algenproblem, das be-

Auf den Kieselsteinen in der Mitte wachsen bereits Algen.

Algenfressende Fische wie dieser Zwergharnischwels, Otocinclus sp., sind sehr gut zur Algenwuchsprophylaxe geeignet. Sie werden bereits am zweiten Tag nach der Erstbepflanzung eingesetzt und zunächst nicht gefüttert.

Diese Algen-fresser, Siamesische Grün-flossenbarben, Crossocheilus siamensis, sorgen dafür, daß Ihr Aquarium anfangs weitgehend algen-frei bleiben kann. Selbstverständlich nehmen sie auch Futter, welches anderen Aquarienfischen angeboten wird, dankbar an.

kämpft werden muß. Doch empfiehlt es sich nicht, hier mit der „chemischen Keule" auf die Algen einzuschlagen, sondern erst zu versuchen mit natürlichen Hilfsmitteln einzugreifen. Dies wären beispielsweise eine Reduzierung der Beleuchtung, Reduzierung der Fütterung der Fische und der Mineraldüngung der Pflanzen, Wasserwechsel mit nitrat- und phosphatarmem Wasser sowie das Einsetzen von noch mehr algenfressenden Fischen. Andererseits ist es so, daß gerade in Holländischen Aquarien die Pflanzen in so großer Menge vorhanden sind, daß diese so viele Nähr-

stoffe verbrauchen, daß Algen erst gar nicht in großen Mengen auftreten können. Die Pflanzen nehmen sozusagen den Algen den Nährstoff weg. Wo viele Pflanzen sind, da haben Algen kaum eine Chance. Wenn aber dennoch ein intensives Algenwachstum zu verzeichnen ist, dann ist dies ein ernsthaftes Warnzeichen, denn dann sind im ökologischen Gleichgewicht des Aquariums ernsthafte Störungen aufgetreten, die unbedingt gefunden und behoben werden müssen, da sonst der reibungslose Betrieb des Aquariums auf Dauer gefährdet ist.

*Dichter Algen-
bewuchs auf
den Blättern
einer Alter-
nanthera.*

*Bei der Plazie-
rung des
Aquariums im
Wohnraum ist
darauf zu ach-
ten, daß nur
selten Sonnen-
licht in das
Aquarium
fällt, denn
sonst kommt
es sehr schnell
zu einer explo-
sionsartigen
Veralgung.
Der richtige
Standpunkt
des Aquariums
ist also sehr
wichtig.
Ein wenig
Morgensonne
schadet aber
nicht – ja sie
fördert sogar
die Laichwillig-
keit vieler
Fische!*

Andererseits gilt auch zu bedenken, daß
Algen nicht unbedingt schädlich sind
und schöne Grün- oder Fadenalgen
sind auch Sauerstofflieferanten für das
Aquarium. Das größere Problem ist
wohl lediglich, daß der Aquarianer die
Algen nicht gerade auf jenen Einrich-
tungsgegenständen oder Pflanzen haben möchte, auf denen sie sich gerade
ausbreiten wollen. Aber
es kann auch sehr attrak-
tiv sein, ein mit Algen
überzogenes Moorkien-
holz in einem Aquarium
zu haben, denn ein sol-
cher samtartiger Grünal-
genbewuchs sieht durch-
aus gut aus. Es besteht
auch keine Gefahr, daß
sich die Algen vom Moor-
kienholz aus auf die in
der Nachbarschaft wach-
senden Pflanzen ausbrei-
ten, vor allem wenn es
sich um schnellwüchsi-
ge Arten wie Haarnixen
oder Sumpfschrauben
handelt. Bei langsam-
wüchsigen Speerblättern
oder Wasserkelchen be-
steht dagegen die Gefahr
eines Algenbefalls. Die-
se Pflanzen sollten dann
von Schwimmpflanzen
oder flutenden Stengel-
pflanzentrieben beschat-
tet werden, was ihnen
ohnehin gut bekommt.

Treten dagegen die schädlichen Blaualgen auf, dann bedeutet dies, daß das ökologische Gleichgewicht in dem Aquarium nicht stimmt und daß hier Gefahr im Verzug ist. Blaualgen sind in der Lage, fisch- und pflanzenschädliche Substanzen ans Wasser abzugeben. Zudem vermögen sie Luftstickstoff zu binden und können dadurch die unerwünschten Nitrit- und Nitratmengen im Wasser zusätzlich erhöhen.

Doch – wie bereits erwähnt – in Aquarium mit gutwachsenden Pflanzenbeständen ist diese Gefahr gering. Es sind gerade die oft im Überschuß im Aquarienwasser vorhandenen Nitrate und Phosphate, die von Algen, aber auch von höheren Pflanzen als Wachstumsstoffe benötigt werden. Oft resultiert ein starkes Algenwachstum einfach aus einer Überbesetzung des Aquariums mit Fischen. Seien Sie also bei der Auswahl des Fischbesatzes ein wahrer Meister, denn der Meister wird an der Beschränkung des Fischbesatzes erkannt – weniger ist gerade hier oft mehr.

Über Geschmack bei der Wohnungseinrichtung läßt sich sicher trefflich streiten. Eines ist jedoch sicher unumstritten – das Aquarium ist ein echter Blickfang und all das andere „Drumherum" vermag kaum vom Wichtigsten abzulenken. Dieses Bild zeigt zudem, daß sich auch kleinere Aquarien ab etwa 120 cm Länge bereits hervorragend als Holländische Pflanzenaquarien gestalten lassen.

Die Zierliche Cognacpflanze, Ammannia gracilis, ist eine interessant gefärbte Stengelpflanze. Hier ist sie – neben anderen – von schön hellgrünen Kardinalslobelien umgeben.

Teilwasserwechsel von 10 bis 20 % jeden zweiten Tag helfen übrigens auch, verunreinigtes und belastetes Aquarienwasser wieder zu entgiften, indem die Schadstoffe verdünnt werden, und den Algenwuchs einzudämmen. Versuchen Sie als Aquarianer mit den Algen zu leben – betrachten Sie diese erst einmal als Aquarienpflanzen und versuchen Sie, dem Algenwuchs auch eine positive Seite abzugewinnen.

Natürlich braucht ein Aquarium auch Pflege – und zwar eine regelmäßige. Doch der Pflegeaufwand hält sich bei einem größeren gut bepflanzten Aquarium durchaus in Grenzen. Wichtig ist bei einem Holländischen Aquarium, daß die Pflanzen regelmäßig ausgelichtet und zurückgeschnitten werden. Denn wenn das Aquarium gut funktioniert, werden die Pflanzen stark wachsen und schnell entsteht ein unübersichtlicher

gar eingehen. Deshalb müssen lichtbedürftige Pflanzengruppen immer direkt im Licht stehen.
Im Vergleich zur Natur sind unsere Aquarien selbstverständlich alle überbevölkert – dies betrifft die Fische und auch die Pflanzen. Auch die gigantische Wassermenge in der Natur läßt keinen Vergleich zu einem Heimaquarium zu. Die Voraussetzungen im Aquarium sind also etwas völlig anderes und das erklärt

Mit einer Klinge kann die Frontscheibe des Aquariums von Algen gereinigt werden, jedoch besteht hierbei immer die Gefahr, daß die Scheibe verkratzt werden kann.

Dschungel. Werden die Rosettenpflanzen zu groß und die Stengelpflanzen zu lang, dann wird das optisch positive Bild des Aquariums zerstört. Flutende Stengelpflanzen an der Oberfläche beschatten die unteren Pflanzen zu stark, so daß diese ihre älteren Blätter abwerfen oder

auch, daß wir die Verantwortung für die entsprechende Pflege haben.
– Die Reinigung der Frontscheibe mit einem Schwamm oder einem Scheibenreiniger ist wichtig, denn der ungestörte Einblick in das Aquarium muß gewährleistet sein.

61

Besser ist es, zum Reinigen der Scheiben einen weichen Schwamm mit einer leichten Scheuerfläche zu verwenden. Lieber die Scheiben öfters putzen und nicht zu lange warten, bis sich die Algen bereits hartnäckig festgesetzt haben.

Hier sind schön die verschiedenen Lichtfarben zu erkennen. So läßt sich auch einsehen, wie wichtig Lichtfarben für die Aquarienbeleuchtung sind.

– Der regelmäßige Teilwasserwechsel, sei er nun wöchentlich, zweiwöchentlich oder vielleicht sogar jeden zweiten Tag, muß zur Routine werden, denn bei einem Teilwasserwechsel werden abgestorbene Pflanzenteile, Futterreste und Mulm vom Bodengrund abgesaugt. Dies verbessert das Wassermillieu erheblich. Und mit dem Einbringen des frischen Wassers werden auch neue Nährstoffe für Pflanzen und Fische in das Aquarium nachgefüllt.

– Einmal wöchentlich muß die Bepflanzung kritisch betrachtet und gepflegt werden. Schlechte, angefaulte Blätter mit Löchern oder sonstigen Fehlern werden abgeschnitten und entfernt. Viele Pflanzen treiben Ausläufer, die dann meist an der ungünstigsten Stelle aus dem Boden kommen. Diese Ausläufer sind dann abzutrennen und zu entfernen. Auch sehr dicht aneinander wachsende Pflanzen müssen ausgedünnt werden. Ganz wichtig ist das Schneiden der Pflanzen, wobei darauf zu achten ist, daß nicht alle Pflanzengruppen gleichzeitig zurückgeschnitten werden, sondern immer eine Gruppe nach der anderen, damit nicht möglicherweise ein Sauerstoffdefizit entsteht und durch einen erneuten Wachstumsschub der beschnittenen Pflanzen eine Nährstoffkonkurrenz auftritt. Wodurch dann Probleme für die weiteren Aquarienbewohner auftauchen.

– Girlandenförmig nach oben wachsende Pflanzen werden sehr lang und müssen zurückgeschnitten werden. Bei diesen Pflanzen ist es am besten, sie komplett aus dem Wasser herauszunehmen, mit einer Rasierklinge oder einer Schere an der entsprechenden Stelle abzuschneiden und die

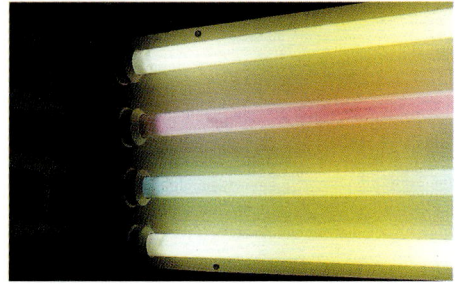

Triebe mit den Köpfen wieder einzusetzen. Diese Pflanzen wachsen sehr schnell wieder weiter und die nach unten unschön verdünnten und oft blattlosen Pflanzenstiele wurden so elegant entfernt.

– Während der wöchentlichen Pflegearbeit kann dann auch der Bodengrund nachgedüngt werden und hierüber können Sie sich Aufzeichnungen machen, damit auch keinesfalls zuviel Dünger im Aquarium eingebracht wird.

– Durch eine verschmutzte Deckschei-be geht sehr viel Lichtenergie verloren und zur regelmäßigen Pflege des Aquariums gehört selbstverständlich auch die Säuberung der Abdeckscheibe.

– Erwähnt sei auch noch, daß die Leuchtstoffröhren, einer gewissen Alterung unterliegen und spätestens nach neun bis zwölf Monaten ausgewechselt werden sollten.

– Aber machen Sie nicht den Fehler und wechseln Sie an einem Tag gleichzeitig alle Leuchtstoffröhren des Aqua-

Regelmäßiges Einkürzen von Aquarienpflanzen ist wichtig. Gerade die unteren Pflanzenstiele sehen unschön aus, wenn sie kaum noch Blätter besitzen. Stengelpflanzen können abgeschnitten und neu eingesetzt werden.

Links: Pflanzenbestände müssen immer wieder ausgelichtet werden und dann ist es am besten, die Pflanzen samt Wurzeln aus dem Aquarium herauszuziehen.

Oben: Die Wurzeln können dann eingekürzt werden und die Pflanze kann in einem anderen Aquarium wieder eingesetzt werden.

Das Einkürzen von Stengelpflanzen kann mit Hilfe einer Schere oder einer Rasierklinge sehr einfach erfolgen. Der obere Pflanzenteil wird dann wieder neu eingesetzt. Dabei kommen die längeren Stengel nach hinten und die kürzeren nach vorn.

Wenn im Umfeld dunkle Töne dominieren – was einer Bewertung sicherlich Negativpunkte einbringen würde –, fehlt das angenehme helle Grün des Aquariums um so mehr ins Auge.

Nicht nur dem Wohnraum, auch einer Bibliothek vermag ein schönes Holländisches Pflanzenaquarium eine Besondere Note zu verleihen.

riums aus, denn dies könnte zu einer kleinen Katastrophe führen, da die neuen Leuchtstoffröhren ganz andere Lichtwerte und eine höhere Intensität besitzen. Die Leistung der Leuchtstoffröhren fällt langsam ab und so empfiehlt es sich, im ständigen Wechsel immer wieder einmal eine dieser Röhren zu ersetzen. Sie können sich beispielsweise mit einem wasserfesten Stift auf der Röhre das Datum des Einsatzes notieren – so behalten Sie einen guten Überblick.

Ein gemauertes Untergestell für das schwere Holländische Pflanzenaquarium ist zwar sehr stabil, es gilt aber auch zu bedenken, daß ein solcher massiver Sockel in der Raumwirkung sehr erdrükkend wirken kann.

Für die Raumwirkung des Aquariums ist auch zu bedenken, daß nicht zu viel Nippes auf und neben dem Aquarium stehen sollte. Dieses lenkt den Betrachter zwar nicht vom Aquarium ab, aber es ist bei den regelmäßigen Arbeiten am Aquarium sehr hinderlich.

Zur Wirkung des Aquariums gehört auch die Berücksichtigung des Umfelds.

Ein wirklich attraktives Holländisches Pflanzenaquarium zu gestalten, ist gar nicht so einfach, wie ein unbefangener Betrachter zunächst meinen mag. Eines der Grundprinzipien der Gestaltung ist der sogenannte „Goldene Schnitt". Die Grundidee des Goldenen Schnitts wurde von Künstlern, Architekten und Philosophen entwickelt, aufgegriffen und immer wieder verwendet und weiterentwickelt. Heute spielt der Goldene Schnitt in der Raumgestaltung eine bedeutende Roll. Die Grundlage dieser Idee ist die Erkenntnis, daß in der Natur kaum etwas absolut symmetrisch aufgebaut ist. Dieser Tatsache hat sich die Wahrnehmungsweise und damit das Schönheitsempfinden des Menschen weitgehend angepaßt.

Auch in der Aquaristik resultieren daraus weitreichende Schlüsse. Die Anwendung der Prinzipien des Goldenen Schnitts bedeutet, daß die Grundfläche des Aquariums zunächst im Verhältnis 2:3 oder besser 3:5 aufzuteilen ist. Dabei muß die schmalere Seite an der Seite der Hauptblickrichtung liegen.
Nachdem der Standort des Aquariums festgelegt wurde können bereits jetzt die wichtigsten Dekorationselemente in einer Skizze an den vorgesehenen Stellen positioniert werden, um ihre Wirkung zu erfassen.
Am besten ist es, wenn gleich zwei Skizzen erstellt werden, die in den richtigen Proportionen einmal den sichtbaren Ausschnitt des Aquariums aus der Hauptblickrichtung und ein zweites Mal

Die Wirkung des Aquariums auf den Betrachter ergibt sich aus der geschickten Zusammenstellung der Bepflanzung. Hier sind die verschiedensten Faktoren zu berücksichtigen: Das Pflanzschema erfolgt nach dem Prinzip des Goldenen Schnitts. Wichtige Gestaltungselemente sind die Leidener Straße und Solitärpflanzen oder Solitärpflanzengruppen. Außerdem sind Gestaltungsprinzipien wie Vordergrundbepflanzung, Seitenpflanzengirlanden und gestaffelte Pflanzung mit kürzeren Pflanzen in der Gruppe vorne und größeren hinten.

eine Aufsicht des Aquariums von oben wiedergeben. Auf diese Weise wird es möglich, die Dekorationsgegenstände und die Wasserpflanzen so im Aquarium zu plazieren, daß – beim Blick von vorne – auch wirklich die gewünschte optische Wirkung erzielt wird.

Nach der Aufteilung des Aquariums nach den Prinzipien des Goldenen Schnitts muß die Entscheidung über das Hauptdekorationsziel fallen. In einer möglichen Variante würden die Dekorationselemente, worunter die auffälligen Pflanzengruppen – in „Neudeutsch" „eye catcher" – zu verstehen sind, mehr außen untergebracht und in einer anderen Version würde der Dekorationsschwerpunkt auf die Trennungs- oder Verknüpfungslinien – je nach Version – des Goldenen Schnitts fallen.

Grundsätzlich ist die Auffassung zu vertreten, daß sich das Aquarium frei an einer Wand befinden soll, und nicht in irgendeiner Nische versteckt werden darf. Die Raumaufteilung und die günstigste Positionierung des Aquariums muß ebenfalls nach den Prinzipien des Goldenen Schnitts erfolgen. Es bringt wenig, sich mit der Gestaltung des Aquarieninhalts große Mühe zu geben, wenn das Aquarium am falsch ausgewählten Standort nicht zur Geltung kommt.

Bei der sinnvollen Verteilung der Dekorationsgegenstände und der Wasserpflanzen im Aquarium gibt es ein gut-

Dieser durchaus bereits attraktiven Bepflanzung würde ein „eye catcher" wie eine Solitärpflanze oder eine rotblättrige Pflanzengruppe sicher gut tun.

Kleine Aquarien lassen sich durchaus auch wunderschön bepflanzen. Bei kleinen Aquarien ist aber um so mehr darauf zu achten, daß es nicht von den Möbeln erdrückt zu werden scheint.

Ein großes Aquarium mit Schwerpunkten in Form von Solitärpflanzen und rotblättrigen Pflanzengruppen ist immer eine Schau.

es Hilfsmittel. Dazu wird das Aquarium über den goldenen Schnitt hinaus durch zwei Diagonalen in vier Dreiecke unterteilt. Somit verfügen Sie über alle notwendigen Hilfslinien, die Ihnen bei der Plazierung der Einrichtungselemente helfen.

Ein wichtiger Punkt vorab: Grundsätzlich ist der Kreuzungspunkt der diagonalen Hilfslinien – also der Mittelpunkt des Aquariums – als Dekorationsschwerpunkt zu meiden. Wenn dort eine auf-

fällige Pflanzengruppe oder ein Dekorationsgegenstand plaziert würde, dann würde das Aquarium dadurch in zwei symmetrische Hälften geteilt. Nach dem zuvor Gesagten wird deutlich, daß dadurch das Aquarium beim Betrachter sofort den Eindruck der Künstlichkeit hervorrufen würde, weil vom Prinzip des Goldenen Schnitts abgewichen wurde. Die größeren Pflanzen werden also seitlich des Mittelpunkts eingeplant. Selbstverständlich dürfen auf dem Mittelpunkt Bodendecker oder kleinere Ableger der Solitärpflanzen wachsen. Alternativ könnte dort auch ein kleinerer Stein oder ein kleines Moorkienholzstück plaziert werden, sofern der Dekorationsgegenstand unauffällig wirkt und die Aufmerksamkeit des Betrachters nicht von den auffälligeren Dekorationselementen – einschließlich der Hauptpflanzengruppen – ablenkt. Außerdem wirkt anstelle einer Plazierung von Dekorationselementen auf einer Diagonale eine Positionierung etwas daneben prinzipiell besser.

Darüberhinaus ist bei der Betrachtung fast symmetrischer Dekorationsbestandteile – wie Moorkienhölzer – zu beachten es wirkt meist besser, wenn diese nicht einfach gerade im Aquarium stehen, sondern etwas schräg angelehnt

Lange und flache Aquarien sind schwer zu gestalten. Dieses Aquarium wurde nur teilweise nach dem Prinzip der Holländischen Pflanzenaquarien bepflanzt, trotzdem ergibt sich ein recht attraktiver Gesamteindruck.

werden. Denn auf diese Weise wird die natürliche Wuchsform von Baumwurzeln besser nachempfunden; schließlich sollen zwar ästhetische Gesichtspunkte nach dem Goldenen Schnitt berücksichtigt werden, doch soll ja gerade dies die natürliche Wirkung des Aquariums unterstützen.

Die wahre Kunst der Planung schöner Aquarinen besteht nun in der geschickten Kombination der hier vorgestellten Faktoren, um eine gute optische Wirkung zu erzielen.

Die Gesamtwirkung des Aquariums hängt aber auch noch von weiteren Einflußgrößen wie Boden, Wände und

Dieses Aquarium ist ein Beispiel für, ein beinahe zuviel an roten Pflanzen. Andererseits ist die Gegenüberstellung zweier Gestaltungsschwerpunkte gut gelungen.

Werden in kleineren Aquarien nur zwei Dekorationselemente benutzt, so müssen diese folglich unterschiedlicher Größe sein und dürfen nicht symmetrisch zueinander plaziert werden. Niemals darf eine Aquarienseite das Spiegelbild der anderen sein. Dies ist beispielsweise leicht dadurch zu erreichen, indem etwa eine Solitärpflanze einer Pflanzengruppe mit roten Stengelpflanzen diagonal gegenüber steht. Ähnliches gilt selbstverständlich auch für mit Javamoos oder mit Farnen bewachsene Dekorationselemente wie Steine oder Moorkienhölzer.

Zustand des Pflanzen ab. Alles muß ein harmonisches und natürliches Ganzes darstellen. Selbstverständlich wissen wir, daß ein Aquarium niemals „natürlich" sein kann, doch benutzen wird den Begriff hier in dem Sinne, daß Pflanzen und Fische möglichst gute Bedingungen vorfinden sollen und auf den Betrachten den Wirkung der Natürlichkeit ausüben.

Da infolge der Lichtbrechung Aquarien immer etwas flach wirken, muß dem mit verschiedenen Tricks – wie der bereits erwähnten Leidener Straße – entgegen gewirkt werden. Noch besser ist es,

Betrachter schräg ins Aquarium schaut. Nun hängt es von einer geschickten Gestaltung ab, indem die Terrassen und Pflanzen so aufgebaut werden, daß der Blick an möglichst langen Linien von vorne nach hinten gelenkt wird. Durch diesen langen Sichtweg wird erreicht, daß das Aquarium tiefer wirkt, als es tatsächlich ist. Die bewährteste Methode einer solchen Pflanzung ist nichts anderes als die bewährte Leidener Straße. Gewöhnlich besteht sie

Hier ist schön die aus der Betrachtungsrichtung fortgleitende Linienführung der Vordergrundbepflanzung im linken Bereich des Aquariums zu sehen.

Hier ist die Blickrichtung vornehmlich direkt von vorne, dem wurde die Bepflanzung angepaßt.

wenn das Aquarium nach der geschickten Einrichtung mit Terrassen und der Bepflanzung durch Nutzung von Solitärpflanzen und gruppierten Stengelpflanzen tiefer wirkt als es tatsächlich ist. Niemals dürfen Terrassen parallel zur Frontscheibe verlaufen. Am besten werden die Terrassen so angelegt, daß sie schräg von vorne nach hinten verlaufen. Welche Hauptrichtung dabei eingehalten wird, hängt davon ab, welches die Hauptblickrichtung des Betrachters ins Aquarium ist.

Nur selten schaut jemand gerade ins Aquarium, da so die meisten Spiegeleffekte auftreten. Am besten werden die Sitzgelegenheiten derart im Aquarienzimmer verteilt, daß der jeweilige

aus einer langen und schmalen Gruppe niedrig bleibender Pflanzen. In den Niederlanden wird hierzu meist der Eidechsenschwanz, *Saururus cernuus*, verwendet. Da anläßlich einer Aquarienausstellung in der Niederländischen Stadt Leiden erstmals eine solche Straße zu sehen war, hat sich der Begriff Leidener Straße bis heute erhalten, obwohl diese Bepflanzungsvariante inzwischen eine ganz normale Vorgehensweise ist. Auch der Eidechsenschwanz trägt deshalb manchenorts den Zweitnamen „Leidenpflanze". Doch zeigen die Abbildungen in diesem Buch, daß es beispielsweise auch schöne Straßen aus Kardinalslobelien, *Lobelia cardinalis*, oder Indischen Wassersternen, *Hy-*

grophila difformis, gibt. Auch Amerikanische Wasserhecken, *Didiplis diandra*, und Zwergspeerblätter, *Anubias barteri* var. *nana*, sind als gute Straßenpflanzen denkbar und wurden schon eindrucksvoll in Szene gesetzt. Anhand der Fotos auf den Seiten 38 bis 41 sehen Sie, daß eine Straße mit ihrem Umfeld ja meist nicht flach ist, sondern sich zwischen hohen Bäumen oder Gebäuden befindet. Deshalb sollte sich auch die Leidener Straße zwischen hochwachsenden Pflanzengruppen hindurchwinden. Die Straße kann also gut von feinblättrigen Sumpffreunden der Gattung *Limnophila* sowie rotblättrigen Pflanzen der Gattungen *Alternanthera* und *Rotala* gesäumt sein. Von

Für Jungendzimmer sind ansprechend gestaltete Unterschränke auch für mittelgroße Aquarien erhältlich. Mit etwas Geschick lassen sich bereits Aquarien ab einem Meter Länge sehr schön gestalten.

Architekten und Raumgestaltern wird für die Straße ein weiterer „Trick" übernommen: Die Straße wird relativ breit angefangen und nach hinten allmählich immer schmaler. Dadurch erscheint sie länger als sie tatsächlich ist, denn es wird ein Fluchtpunkt am „Horizont" des Aquariums nachempfunden. Auf diese Weise erscheint wiederum das gesamte Aquarium tiefer. Außerdem werden die Pflanzen der Straße, vorne niedrig beginnend, nach hinten allmählich ansteigend gepflanzt, so daß von allen Einzelpflanzen die Köpfe zu sehen sind. Das schafft einen Eindruck der Gleichmäßigkeit und verbessert die Fluchtpunktwirkung der Straße.

Zur Leidener Straße stellt die Solitärpflanze das gestalterische Gegenstück dar. Im Gegensatz zur üblichen Gruppenpflanzung wird die Solitärpflanze als große und auffällige Pflanzen in den Blickpunkt gerückt. Wohin wird aber nun diese Solitärpflanze gesetzt? Sicher nicht in den Mittelpunkt das Aquariums, denn dies würde wiederum auf die gefürchtete Symmetrie hinauslaufen. Auch hier ist es wieder das Beste, sich an den Goldenen Schnitt zu halten und die Pflanze an einen der Schnittpunkte aus der 2:3- oder 3:5-Unterteilung des Aquariengrundrisses zu setzen. Wichtig ist aber, daß sie nur einen oder maximal zwei dieser sogenannten starken Punkte besetzen, damit das Aquarium nicht überladen wirkt. Verwenden Sie in einem größeren Aquarium mehrere Solitärpflanzen, dann müssen Sie darauf

In diesem Aquarium sind der Mittelpunkt sowie zwei starke Punkte mit roten Wasserpflanzen besetzt, was beim Betrachter sofort einen Eindruck von Unnatürlichkeit bewirkt.

Die Gegabelte Haarnixe, Cabomba furcata, ist eine sehr anspruchsvolle Wasserpflanze.

75

Nach dem bis hier dargestellten mag manch einem Leser klar geworden sein, daß Holländische Pflanzenaquarian zwar wunderschön anzuschauen sind, daß ihre Einrichtung und Unterhaltung jedoch derart aufwendig sind. Deshalb zeigen wir Ihnen hier ein Beispiel, wie ein Aquarium auch auf völlig andere Weise sehr geschmackvoll hergerichtet werden kann.

achten, daß diese nicht in einer Linie stehen. Wird eine Solitärpflanze weiter nach vorne eingesetzt, so ist die andere weiter hinten zu plazieren. Auch kleinere Pflanzengruppen aus auffälligen hochwüchsigen Stengelpflanzen – wie etwa die rotblättrigen Arten: Rotes Papageienblatt, *Alternanthera sessilis*, Rotes Tausendblatt, *Myriophyllum mattogrossense* oder Große *Rotala*, *Rotala macrandra* – werden nach diesen für Solitärpflanzen geltenden Regeln eingesetzt. Eine „Problemzone" der Aquariengestaltung sind die Seitenbegrenzungen des Aquariums. Sind diese zu auffällig, so zeigen sie dem Betrachter drastisch die Begrenztheit des Unterwasserbiotops auf. In der Natur gibt es keine Ecken! Deshalb ist möglichst von den Seiten-

scheiben abzulenken. Auch hier gibt es einen einfachen Trick. Indem girlandenartig wachsende Pflanzen an die Seiten gestellt werden, deren Blätter an der Oberfläche fluten, gleitet der Blick des Betrachters an den Planzengirlanden entlang und wird folglich von der Seite des Aquariums zur Mitte hin zurückgelenkt. Der erwünschte Nebeneffekt dabei ist, dass die Aufmerksamkeit beim Aquarium verweilt und nicht in den Raum abgleitet. Geeignete girlandenbildende Pflanzen sind beispielsweise die Wasser-Haarnixe, *Cabomba aquatica*, Brasilianischer Wassernabel, *Hydrocotyle leucocephala*, und Brasilianisches Tausendblatt, *Myriophyllum aquaticum*. Diese Pflanzen werden selbstverständlich nicht so oft eingekürzt wie die

Anläßlich einer Aquarienausstellung in der Niederländischen Stadt Leiden war erstmals eine mit Eidechsenschwanz, Saururus cernuus, gepflanzte „Straße" zu sehen. So hat sich der Begriff Leidener Straße bis heute erhalten, obwohl es sich bei dieser Bepflanzungsvariante inzwischen um eine ganz normale Vorgehensweise handelt. Die Leidener Straße wurde hier mit Kardinalslobelien, Lobelia cardinalis, gepflanzt. Dahinter stehen links prächtige Rote Papageienblätter und rechts saftige hellgrüne Sumpffreunde.

anderen Stengelpflanzen, so daß sie an der Oberfläche entlangwachsen können. Es sieht aber nicht gut aus, wenn für beide vordere Ecke die gleiche Lösung gewählt wird. Da ist es besser, an einer Seite den Girlandenwuchs zu wählen und an der anderen – dem Betrachter näheren – eine hochwachsende Gruppe einzusetzen, die aber nur bis zur Oberfläche wachsen darf. Für diese zweite Gruppe werden dann völlig andere Blattformen ausgewählt, wofür sich Fettblätter, *Bacopa*-Arten, Ludwigien, *Ludwigia*-Arten, und Sumpfschrauben, *Vallisneria*-Arten, gut eignen.

zengruppe eine zusätzliche räumliche Wirkung erzielt, die den Eindruck einer größeren Tiefe des Aquariums hervorruft.

Nach dem Abschluß der Erstbepflanzung ist es an der Zeit, algenfressende Garnelen und Fische einzusetzen. Die eigentliche Besetzung mit Fischen darf in gewohnter Weise erst nach etwa drei Wochen erfolgen.

Bitte bedenken Sie vor Ihrer Planungen für Ihr Holländisches Pflanzenaquarium, daß dieses sehr pflegebedürftig ist. Für die gärtnerische Tätig-

Ein frisch neu hergerichtetes Holländisches Pflanzenaquarium. An den freien Kiesflächen im Vordergrund ist es gut zu erkennen, daß die Bepflanzung in dieser Form noch nicht lange im Aquarium wächst.

Als Vordergrundbepflanzung eignen sich unter anderem die gewöhnliche Nadelsimse, *Eleocharis acicularis*, und das Australische Zwergkraut, *Glossostigma elatinoides*, gut. Wenn nun die vorderen Pflanzen etwas stärker eingekürzt werden, dann wird durch diese Pflan-

keit müssen Sie in der Woche zwischen drei und acht Stunden einplanen. Hinzu kommen die ohnehin für die Aquaristik aufzuwendenden Zeiten für Wasserwechsel, Überprüfung und Wartung der Technik sowie Gesundheitskontrolle und Fütterung der Fische.

Die erfolgreiche Buchreihe,
die aus Ihnen erfolgreiche Aquarianer macht

Informativ und zugleich faszinierend – die neusten Titel aus dem bede-Verlag.

Fragen Sie bei Ihrem Fachhändler nach unserem kompletten Buchprogramm.

Ihr Hobby
Prachtschmerlen
Klaus Gernhard & Dr. Jürgen Schmidt
bede

Ihr Hobby
Malawisee-cichlidenzucht
Frank Schneidewind
bede

Ihr Hobby
Süßwasserschnecken im Aquarium
Ingrid Hanreiter
bede

Ihr Hobby
Aquarienpraxis
Horst Linke

Ihr Hobby
Heimische Aquarienfische
Dr. Andreas Vilcinskas

Ihr Hobby
Süßwasser-Stachelrochen
Hans Gonella & Dr. Herbert Axelrod
bede

Mit der Erfolgsreihe aus dem bede-Verlag bieten wir Ihnen zu Ihren Aquarienfischen das passende Buch. Sie möchten in die Aquaristik einsteigen, oder Sie brauchen wertvolle Tips zur Pflege und Zucht Ihrer Fische? Dann ist unsere Buchreihe genau das Richtige. In jedem dieser Titel berichten Fachautoren zu ihren Spezialgebieten und geben so manche Insidertips preis.

Jeder der über 40 Titel umfaßt 80 Seiten und circa 80 bis 100 faszinierende Farbaufnahmen, die speziell für diese Buchreihe zusammengestellt und zum Großteil hier erstmals publiziert werden.

Für nur **DM 19,80** je Titel ein aquaristisches Muß für Hobby-Aquarianer.

Fordern Sie unverbindlich eine Gesamtübersicht über unser Buchprogramm an!